ALL BLACKS®

ALL BLACKS
ACADEMY

SAMUEL
LOUSSOUARN

ALL BLACKS ACADEMY

1

Un rêve de champion

hachette
ROMANS

Illustration de couverture : Olivier Silven

Hachette Livre, 58 rue Jean-Bleuzen, 92170 Vanves.

À mon père,
qui m'a transmis le goût des histoires et du sport

LES AVANTS

→ Première ligne :

1 Pilier gauche

2 Talonneur

3 Pilier droit

→ Deuxième ligne :

4 Deuxième ligne

5 Deuxième ligne

→ Troisième ligne :

6 Troisième ligne aile

7 Troisième ligne aile

8 Troisième ligne centre

LES ARRIÈRES

9 Demi de mêlée

10 Demi d'ouverture

11 Ailier gauche

12 Premier centre

13 Deuxième centre

14 Ailier droit

15 Arrière

ALL BLACKS

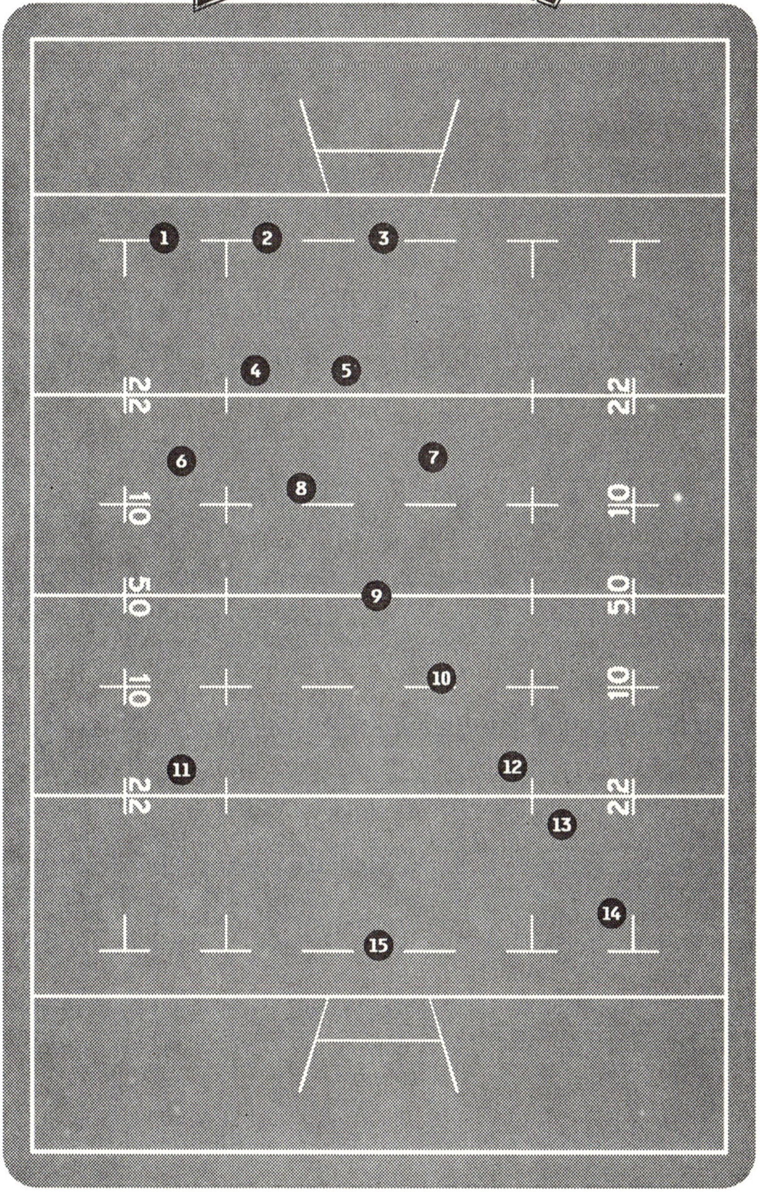

CHAPITRE 1

Un nouveau départ

La rentrée, c'est un sport de compétition. On pénètre sur le terrain (la cour de récréation), l'arbitre siffle l'engagement (la sonnerie de début des cours) et un match à prolongations commence (l'année scolaire). Moi, j'ai autant de pression que si je jouais la finale du championnat de France de rugby, car j'entre en sixième dans une ville où je ne connais personne. Cet été, mes parents ont eu la bonne idée de déménager. On s'est installés en Auvergne.

Je fais mes premiers pas dans l'enceinte du collège. J'aperçois les élèves de ma classe, alignés à la queue leu leu. Les têtes se tournent à mon arrivée. On me dévisage comme un intrus. Je tente de me calmer en inspirant profondément. Sauf que je suis un timide maladif, alors ça ne marche pas trop.

Dans les magazines de foot et de rugby, il y a parfois les fiches de statistiques des joueurs. Voilà à quoi ressemblerait ma fiche de collégien :

LUCAS ELAVO

Date de naissance : Il y a onze ans

Lieu de naissance : Dans mon salon (ma mère a accouché à la maison !)

Profession des parents : Propriétaires d'un camion à pizzas (aux recettes un peu trop excentriques)

Taille : Pas très grand

Poids : Une poignée de kilos qui font de moi un gringalet

Poste : Un poste isolé ! Je suis très solitaire... (en plus, je suis fils unique)

Statistiques : 100 % de timidité, 15 claquements de genoux à la seconde quand je suis entouré d'inconnus

Heureusement, je peux compter sur une sauveuse, une coéquipière : ma cousine, Jade. Elle est dans la même classe que moi, donc je ne serai pas si seul que ça. Si je devais établir sa fiche de statistiques, ce serait l'inverse de la mienne. Elle est plutôt grande, musclée, et elle n'a peur de rien. Elle a un côté rouleau compresseur, comme un talonneur[1]. Ça tombe bien, puisqu'elle est talonneuse dans le club de rugby de la ville.

Je la cherche des yeux ; impossible de la trouver. Puis, soudain, du mouvement. Des éclats de voix. On dirait qu'une bagarre est sur le point d'éclater. Je m'approche. Un garçon (une sorte de beau gosse athlétique) tient un sac à dos sous le bras, comme si c'était un ballon de rugby.

---

1. Le talonneur est en première ligne dans une mêlée. C'est le joueur qui récupère le ballon d'un coup de talon.

— Laisse-moi juste saupoudrer des paillettes roses dans ton sac, lance-t-il à Jade. Tu es une fille, ça devrait te plaire.

— Rends-moi mes affaires, Mathis, sinon je te fais bouffer le goudron !

J'ai trouvé ma cousine. En bonne rugbywoman, elle n'a pas froid aux yeux. Elle n'aurait aucun mal à écraser ceux qui se dressent sur son chemin. Si j'étais ce Mathis, je lui redonnerais immédiatement son sac.

— Une talonneuse face à un demi de mêlée ! s'écrie-t-il en rigolant. Tu crois que tu as une chance contre moi ? Je suis trop rapide. Et si, par miracle, tu arrives à t'approcher, je t'écarte d'un gros raffut[1].

— Je te donne trois secondes, lance Jade en se préparant à charger.

L'année scolaire commence sur les chapeaux de roue ! Ma cousine est sur le point de se transformer en bélier. Son adversaire est sur le point d'en faire les frais… Il n'y a aucun surveillant dans les parages, alors je décide d'intervenir avant que ça dégénère. Je prends mon courage à deux mains et entre dans la mêlée.

— Salut, Mathis. Je crois que tu confonds le sac de ma cousine avec un ballon de rugby. Je propose qu'on demande à l'arbitre vidéo si c'est autorisé.

Comme je ne peux pas rivaliser physiquement, j'ai choisi l'humour. Je pose un doigt sur mon oreille, comme si j'écoutais dans une oreillette.

---

1. Geste de rugby où le porteur du ballon repousse son adversaire du plat de la main.

— On me dit que ce n'est pas réglementaire, continué-je. Un sac à dos ne peut pas remplacer un ballon de rugby. Pénalité pour Jade. Rends-lui la balle… enfin, le sac.

— C'est qui, le cure-dents ? demande Mathis.

Un cercle s'est formé autour de nous trois. Tout le monde me regarde. C'est un cauchemar, mais ce n'est pas le moment de flancher. Je m'avance vers Mathis pour lui prendre le sac.

Un impact dévastateur me fait vibrer les côtes. Je ferme les yeux de douleur. Je ne peux plus respirer. Mathis vient de me donner un grand coup dans le torse, me faisant voler trois mètres en arrière. Quand je rouvre les paupières, je suis allongé par terre. Ou plutôt sur un collégien qui gémit. Un joli matelas qui a amorti ma chute.

— Ça, c'est un sacré raffut ! s'exclame Mathis, sous les hourras de ses amis. J'ai hâte de retrouver le terrain. La saison de rugby s'annonce bien !

Il lance le sac à Jade, qui l'attrape en montrant les dents. Il s'éloigne victorieux avec sa bande. Tandis que je suis encore au tapis, Jade s'approche de moi, rouge de colère.

— Occupe-toi de tes affaires, crache-t-elle. Je sais très bien me défendre toute seule, et c'est pas un cousin taillé comme un Mikado qui va m'aider.

Elle s'en va sans un regard. Moi qui croyais avoir au moins une amie au collège, c'est loupé.

— Tu es peut-être taillé comme un Mikado, mais tu n'es pas si léger que ça, dit le garçon sur lequel j'ai atterri.

Je tourne la tête vers lui. Dans la chute, il a failli perdre ses lunettes. Elles pendent en travers de son visage, retenues par une branche.

— Je suis ravi de te servir d'airbag, mais ça commence à être très douloureux, ajoute-t-il.

Mince, je suis toujours affalé sur lui ! Je me relève en vitesse.

— Désolé, je suis un peu sonné, dis-je. Je m'appelle Lucas. Je suis le cousin de Jade.

— Moi, je m'appelle Elliott. Je suis le coussin du cousin de ta cousine.

— Tu n'es pas très molletonné, mais tu fais l'affaire.

On éclate de rire. Je l'aide à se remettre debout.

La sonnerie retentit. Je rejoins la file de ma classe en compagnie d'Elliott.

J'ai beau être timide et réservé, j'ai réussi à me faire un ami après seulement cinq minutes au collège ! Il faudra ajouter cette performance à la ligne « palmarès » de ma fiche de statistiques.

— Je suis M. Benazzi, votre professeur d'anglais. Je suis aussi votre professeur principal.

Le premier cours vient de commencer. Les bureaux sont disposés en « U ». M. Benazzi a jugé bon de m'installer à côté de ma cousine. Elliott est assis à ma droite, Jade, à ma gauche… et Mathis est à sa gauche. Entre ces deux-là, la tension est palpable.

— Je suppose que vous connaissez tous quelques mots dans la langue de Richie McCaw[1], reprend notre professeur. Amusons-nous à faire un petit tour de table. Chacun doit se présenter en disant « *my name is* », puis nous apprendre un mot d'anglais. Commençons avec toi.

Il désigne Elliott.

— *My name is Elliott.* Mon mot anglais est *spider*. Ça veut dire « araignée ». Spider-Man, c'est l'homme araignée. *Bat* signifie « chauve-souris ». Batman, c'est l'homme chauve-souris. Ironman, c'est l'homme de fer. Du coup, *man* veut dire « homme ». Et « femme », c'est *woman*, comme Wonder Woman…

— Un mot, c'est suffisant, l'interrompt M. Benazzi. Tu m'as l'air expert en superhéros.

— GEEK ! tousse Mathis pour se moquer.

La classe rit en sourdine.

— Au tour du cousin de Jade, dit notre professeur en me donnant la parole.

Tous les regards se tournent vers moi. J'ai les mains moites, je commence à trembler, je meurs de chaud. Allez, plus vite je prendrai la parole, plus vite ce sera fini.

1. Capitaine de l'équipe des All Blacks, championne du monde en 2011 et 2015.

— *My name is Lucas.* Mon mot anglais est *silver fern.* Ça veut dire « fougère argentée ». C'est le symbole de la Nouvelle-Zélande, le pays des All Blacks.

— Et *All Black*, c'est aussi de l'anglais, s'enthousiasme M. Benazzi. Ça signifie…

— TOUT NOIR ! lance en chœur la moitié de la classe.

Apparemment, il y a beaucoup d'amateurs de rugby parmi nous.

— Les All Blacks portent un maillot noir floqué d'une fougère argentée, explique notre professeur. Au tour de la voisine de Lucas.

— *My name is Jade.* Mon mot anglais est *stupid.*

Elle se tourne vers Mathis.

— Ça signifie « stupide », reprend-elle en le fusillant du regard. C'est un mot qui va comme un gant à certaines personnes.

Mathis n'apprécie pas le commentaire. Je lis dans ses yeux qu'il va se venger. Peut-être en gratifiant Jade d'une insulte en anglais.

— *My name is Mathis*, dit-il. Mon mot anglais est AÏÏÏÏÏÏÏÏÏÏE !

Jade vient de lui donner un grand coup de pied sous la table. Notre professeur n'a rien vu. Il s'adresse à la classe :

— Le mot *eye* se prononce comme « aïe ». Ça veut dire « œil ».

Depuis ce matin, ça chauffe entre Mathis et Jade. Espérons que ça ne se finisse pas avec un « aïe » au beurre *black*. Je veux dire… avec un œil au beurre noir.

Je passe la récréation avec Elliott. Il a emménagé ici pendant l'été. Comme moi. Il ne s'est pas encore fait d'amis, car il a passé les vacances à surfer (sur Internet), à jouer (à la console) et à lire (des comics, vu ses connaissances en superhéros). Des vacances de geek solitaire. Justement, le geek se réveille :

— Qu'est-ce que tu sais sur la *silver fern* ? me demande-t-il. Ça m'intéresse énormément.

— Le dos de la fougère est d'une teinte argentée qui brille au clair de lune. La nuit, les Māori[1] utilisaient la fougère pour indiquer leur chemin dans la forêt.

— Fascinant ! C'est vrai, *fern*, ça veut dire « fougère »…

— Exactement. Et les Black Ferns, c'est le nom de l'équipe de rugby féminine de Nouvelle-Zélande. Les fougères noires.

Elliott tend le doigt vers l'autre bout de la cour.

— Elle, si elle était néo-zélandaise, elle serait sélectionnée dans l'équipe des fougères noires, dit-il.

Je suis des yeux l'endroit qu'il m'indique. Jade marche d'un bon pas. D'un pas… rageur. Elle n'a

1. Les Māori sont les premiers habitants de la Nouvelle-Zélande. Ils vivaient en tribu, subsistant de la faune et de la flore locales.

toujours pas décoléré. Un groupe de collégiens s'écarte sur son passage.

— Comment ça se fait que tu t'y connaisses autant en rugby ? me demande-t-il.

— C'est de famille. Mon père y jouait, mon grand-père y jouait, ma cousine y joue…

— « Y jouait », me corrige Mathis en surgissant derrière moi avec sa bande. Il faut vraiment que Jade arrête le rugby. C'est un sport de garçons. Elle risquerait de se blesser.

— Elle n'a peur de ri…

— Tu vas finir à l'hôpital si tu continues à me répondre, me menace-t-il en m'attrapant par le col. Quand on est nouveau, on s'écrase.

— Je…

Je… n'aurais pas dû répliquer. Mathis me projette contre Elliott. On s'écroule par terre avec fracas.

— Ne te mets plus sur mon chemin, me lance Mathis.

Il s'éloigne sous les ricanements de ses amis. Elliott s'assoit en se frottant l'arrière du crâne.

— Dans la liste des fournitures scolaires, ce n'était pas précisé qu'il fallait un casque et des genouillères.

— Et une machine à coudre, ajouté-je en passant un doigt dans ma chemise déchirée au niveau du coude.

— Tu veux un conseil ? Moins tu côtoieras Mathis, mieux vous vous porterez, ta garde-robe et toi.

— Le problème, c'est qu'il n'y a qu'un seul club de rugby dans la ville : le Sporting.

— Quel rapport ?

— Je joue au rugby, comme Mathis. Je suis demi de mêlée, comme Mathis. On n'a pas fini de se croiser…

CHAPITRE 2

Voyage au pays des All Blacks

Récapitulons. Je suis un gringalet, mais j'adore le rugby. Je suis solitaire, mais j'ai choisi un sport collectif qui se joue… à quinze[1]. Il aurait été plus logique de pratiquer une activité adaptée à ma corpulence (comme le Mikado, pour faire honneur à la pique de Jade). Pourtant, je me passionne pour le rugby. Surprenant ? Pas tant que ça…

Il se trouve que j'ai des origines en Nouvelle-Zélande, ce petit pays coincé en bas à droite de la mappemonde. Je vous rassure, on ne se balade pas la tête en bas en Nouvelle-Zélande. Je le sais, car j'y suis allé avec mes parents cet été. Ou plutôt « cet hiver » : les saisons sont inversées, dans l'hémisphère Sud… Même les heures sont inversées. Quand il est midi en France, il est minuit là-bas. C'est un méli-mélo pas

1. En général, le rugby se joue à sept, treize ou quinze joueurs. Il y a beaucoup de variantes. Par exemple, chez les jeunes, on joue avec des équipes de douze.

possible. Pour faire simple, disons que la Nouvelle-Zélande, c'est le monde à l'envers.

Mon sang néo-zélandais, je le tiens de ma grand-mère. D'ailleurs, mon groupe sanguin porte les initiales des All Blacks : AB positif. Un vrai hommage ! Attention, ça ne veut pas dire que mon sang est « *all black* ». Il est rouge, bien sûr, comme chez tous les humains de la planète.

Quand ma grand-mère était jeune, elle est venue visiter la France. Elle était intriguée par cette contrée lointaine, aux antipodes de la Nouvelle-Zélande. Elle a rencontré un rugbyman français, ils sont tombés amoureux et, *tadam !* ils se sont mariés. Ils ont eu deux enfants (mon père et mon oncle). Et puis, il y a quinze ans, mon grand-père est mort. Je ne l'ai jamais rencontré, c'est vraiment triste. Ma grand-mère est alors retournée vivre avec sa sœur, en Nouvelle-Zélande, à l'autre bout du monde.

Depuis ma naissance, il y a onze ans, ma grand-mère vient passer décembre en France pour me voir grandir. Elle n'a loupé aucun Noël. En Nouvelle-Zélande, Noël est en été, pas en hiver. Les gens ne préparent pas une dinde aux marrons pour le réveillon. Ils font un barbecue sur la plage ! C'est pour ça que ma grand-mère râle un peu quand elle atterrit en France : « Quel froid de canard ! Vous me faites louper les chaudes journées d'été avec votre Noël en plein milieu de l'hiver ! »

Mon père et moi, on n'a jamais vécu en Nouvelle-Zélande, ce qui ne nous empêche pas d'adorer les All Blacks, la grande fierté du pays. Iriaka (ma grand-mère) nous a transmis le virus. C'est une équipe incroyable. Celle qui a gagné le plus de coupes du monde ! Malheureusement, elle a remporté deux de ces coupes en battant… la France. Iriaka m'a raconté qu'elle était euphorique quand les All Blacks ont gagné, mais aussi un peu triste que son pays d'adoption en fasse les frais.

Bref, lorsqu'on lui a rendu visite cet été, c'était la première fois que j'allais en Nouvelle-Zélande, le pays du rugby. Quand j'ai retrouvé Iriaka à l'aéroport, c'est moi qui ai râlé. « Quel froid de canard ! Tu me fais louper les chaudes journées d'été avec ton hiver en plein mois de juillet ! » Elle a ri et m'a pris dans ses bras, ce qui m'a bien réchauffé.

On a passé deux semaines à sillonner l'île du Nord[1]. On a vu un volcan actif, un lac gigantesque, une rivière cachée. On a traversé plein de villes : Raglan (le paradis du surf), Rotorua (avec son geyser, ses mares de boue bouillonnante aux vapeurs qui sentent l'œuf pourri) ou encore Levin (où on peut rouler en voiture sur la longue plage, fenêtres ouvertes, en battant des bras à l'extérieur pour décoller comme un oiseau – ce qui ne fonctionne pas, évidemment). On a croisé des

1. La Nouvelle-Zélande est un archipel, c'est-à-dire qu'elle est composée de plusieurs îles. Les deux plus grandes sont l'île du Nord et l'île du Sud.

moutons qui pointillaient de blanc les champs verdoyants, des opossums qui grognaient le soir, dissimulés dans les arbres, des phoques qui se prélassaient le long de la côte, affalés sur les rochers comme sur des transats. La nuit, le ciel brillait comme un chandelier géant. J'avais l'impression qu'il y avait deux fois plus d'étoiles qu'en France.

Ensuite, on a passé deux semaines chez ma grand-mère, à Wellington. C'est la capitale de la Nouvelle-Zélande, et ma ville préférée au monde. Elle est construite sur une chaîne de collines qui donnent sur une baie d'un côté et sur l'océan de l'autre. Par beau temps, les sommets enneigés de l'île du Sud se dessinent au loin.

Un après-midi, ma grand-mère m'a emmené dans une forêt au beau milieu de la ville. L'endroit était entouré d'une immense clôture. C'était comme Jurassic Park, mais avec des oiseaux endémiques[1] à la place des dinosaures. On s'y est promenés pendant plusieurs heures, puis on a contemplé la cime des arbres depuis une tour d'observation.

— Alors, Lucas, quel est l'oiseau que tu as préféré ? m'a demandé Iriaka.

— Le takahe, même s'il ne vole pas. C'est comme une poule bleu et vert fluo avec un gros bec rouge !

— Ton chant d'oiseau préféré ?

---

1. « Endémique », ça signifie que c'est originaire d'un seul territoire. Les oiseaux endémiques de Nouvelle-Zélande sont propres à ce pays.

— Le chant du tui, obligé ! On dirait qu'il imite R2-D2 dans *Star Wars*.

— En français, il s'appelle « tui cravate-frisée » à cause des touffes de plumes blanches qu'il a sur la gorge, a précisé ma grand-mère en levant le doigt comme une institutrice. Et l'oiseau que tu as trouvé le plus surprenant ?

— Le kererū.

— C'est juste un pigeon…

— Mais il est gros et coloré ! Si je pouvais échanger nos pigeons français contre des kererūs, ça égayerait Paris !

Iriaka a éclaté de rire. Quand je serai adulte, j'espère avoir un rire aussi chaleureux que le sien. Pour le moment, je sais juste piailler comme un poussin sous hormones.

— Lucas, j'ai un cadeau pour toi ! a-t-elle dit avec un grand sourire.

— Un takahe ? Tu vas m'offrir un takahe ?

— Tu n'aurais pas le droit de rapporter un oiseau endémique dans tes bagages. Ce que je vais t'offrir, c'est… quelque chose qui va te plaire… puisqu'il s'agit de…

Ma grand-mère adore me faire languir. Moi, je déteste. Ça devrait être interdit de torturer ses petits-enfants comme ça, mais je n'ose pas lui gâcher son plaisir.

— C'est quoi, c'est quoi, c'est quoi ? ai-je dit, impatient. *What is it ?*

— Ce sont deux billets pour un match des All Blacks. Un pour toi, un pour moi.

À ce moment précis, une nuée d'oiseaux s'est envolée, effarouchée par un cri de joie mêlant grognement d'opossum, chant de tui et piaillement de poussin sous hormones. Je plaide coupable.

Le soir du match, tout Wellington semblait rassemblé sur les quais face à la baie. La foule convergeait vers le port, où se trouvait le stade. Les Wellingtoniens lui ont donné un surnom : « the Cake Tin ». C'est vrai qu'il ressemble à un moule à gâteau en aluminium.

Iriaka portait son maillot des All Blacks (ma grand-mère a un maillot de rugby dans sa garde-robe !) Moi, une écharpe et un bonnet noirs ornés d'une fougère argentée (ma grand-mère me les avait tricotés en guise de cadeau) me tenaient bien chaud. Je serrais mon billet du match dans la main comme un précieux sésame. J'allais voir les All Blacks EN VRAI !

Arrivés dans le stade, on a pris place dans la tribune à côté du banc des rugbymen.

— On est tout près ! me suis-je écrié.

— Ça commence dans cinq minutes ! a lancé Iriaka, tout aussi surexcitée.

— Je suis vêtu de noir, je suis paré !

— Le stade est vêtu de noir, on est prêts !

— Il y a aussi des grappes de supporters jaunes éparpillées un peu partout, ai-je remarqué.

— Ce sont les supporters de l'Australie, l'équipe adverse.

Je sentais la pression monter en moi, mais aussi dans le stade. J'étais impatient de voir le match commencer.

Après quelques minutes d'une attente interminable, les All Blacks ont pénétré sur le terrain. Je les voyais pour la première fois de mes propres yeux. On aurait dit des géants. Les deux équipes ont pris place dans leur camp sous la clameur des spectateurs.

Soudain, le stade est devenu silencieux. On aurait pu entendre un nuage de *sandflies*[1] voler ! Les quinze All Blacks s'étaient disposés face à l'équipe australienne. Ils se préparaient pour le haka.

— Le haka est une tradition de certaines îles du Pacifique, m'a chuchoté Iriaka. En Nouvelle-Zélande, les Māori font un haka pour accueillir un invité de marque, célébrer une grande occasion ou honorer un mort lors d'un enterrement. C'est une danse chantée qui sert de cérémonie.

— Et c'est un rituel des All Blacks pour défier l'adversaire avant les matchs, ai-je murmuré en retour. J'en ai vu à la télé !

— Il existe deux hakas différents pour l'équipe de rugby. « Ka Mate » est le plus connu.

Les All Blacks fixaient les Australiens du regard. Un regard de conquérants. Un joueur néo-zélandais

1. Véritables cauchemars pour les malchanceux qui se font piquer, ce sont de petites mouches, très nombreuses autour des points d'eau. La démangeaison provoquée par les piqûres peut durer plusieurs semaines.

s'est mis à marcher entre les rangées formées par ses coéquipiers. Il s'apprêtait à mener le haka, un peu comme un chef d'orchestre.

— TARINGA WHAKARONGO ! a-t-il crié.

La phrase a retenti dans tout le stade. Iriaka s'est penchée vers moi.

— Oh ! Ils ont choisi le haka qui s'appelle « Kapa o Pango ». Il sert à galvaniser le corps et l'esprit avant un match important. Comme c'est en māori[1], je vais te traduire les paroles.

— Kia Rite ! Kia Rite ! Kia Mau ! a poursuivi le All Black.

— Préparez-vous ! Alignez-vous ! En position ! a traduit Iriaka.

En réponse, l'équipe a poussé un puissant « Hi ! » J'en ai eu la chair de poule.

Le meneur dirigeait le haka tandis que les autres joueurs répliquaient à chaque parole, répondant comme un seul homme. Ils expiraient bruyamment, dévisageaient les joueurs adverses, faisaient claquer leurs mains sur leur torse et leurs avant-bras. Ils étaient impressionnants, presque effrayants. Je n'aurais pas aimé être un Australien…

— Notre suprématie s'affirme ! a continué Iriaka. Nous atteindrons le sommet ! Fougère argentée ! All Blacks !

---

1. En Nouvelle-Zélande, les langues officielles sont l'anglais, le māori et la langue des signes.

Le haka s'est terminé dans un silence de cathédrale, puis le stade s'est subitement réveillé pour supporter les All Blacks. C'était mon premier haka, mon premier cours de māori (*ponga ra* signifie « fougère argentée »), et j'allais assister à mon premier match des All Blacks !

Les joueurs ont pris position, et l'arbitre a sifflé le début de la rencontre.

Dès l'engagement, un All Black a récupéré le ballon, et un maul[1] s'est formé près de la touche où j'étais assis. Les muscles des joueurs se découpaient sur leurs jambes. Les avants sont les plus costauds, alors ce sont eux qui ont poussé, encore et encore.

L'épreuve de force a rapidement tourné à l'avantage du bloc néo-zélandais. Il a fait reculer le bloc australien, et le maul a gagné dix mètres, pénétrant dans la moitié de terrain adverse. Pendant ce temps, le reste de l'équipe s'est réorganisé, formant une ligne d'attaque sur toute la largeur du terrain.

Le demi de mêlée a observé le placement de ses coéquipiers. C'était le moment d'attaquer. Il a récupéré le ballon dans le maul, puis l'a envoyé côté ouvert. Les All Blacks ont remonté le ballon le long de la ligne qu'ils formaient. Une passe, deux passes, trois passes. Chaque fois les Australiens s'apprêtaient à plaquer le porteur du ballon, ballon qui était déjà dans les mains du joueur suivant.

---

1. Un maul est une sorte de mêlée qui se forme au cours du jeu. Chaque équipe constitue un bloc qui essaye de repousser l'autre. On peut aussi dire « ballon porté », car un des joueurs doit rester debout en portant le ballon.

Finalement, un ailier posté près de la ligne de touche a récupéré le cuir[1], et il s'est élancé comme une flèche vers la zone d'en-but australienne. Son opposant jaune s'est jeté sur lui, mais il a seulement réussi à le frôler du bout des doigts. Là, l'ailier aurait eu un boulevard devant lui… si un dernier Australien n'avait pas été sur son chemin. Le colosse vêtu de jaune était le dernier obstacle avant un essai fulgurant.

Encore deux secondes, et les trajectoires des deux joueurs allaient se croiser. Plaquage imminent ! Iriaka m'a pris la main. Je l'ai serrée fort, comme si ça pouvait donner une énergie supplémentaire à notre ailier. L'homme en jaune s'est lancé sur lui, mais le All Black a raffûté son adversaire du plat de la main. L'Australien est parti à la renverse, incapable de résister à la puissance du Néo-Zélandais. Le stade s'est levé, criant devant la beauté du geste, célébrant l'essai qui nous tendait les bras. L'ailier a poursuivi son sprint ahurissant, puis il a écrasé le ballon dans la zone d'en-but.

Une minute s'était écoulée, et les Néo-Zélandais venaient d'inscrire leur premier essai. Ils allaient en marquer cinq, remportant le match haut la main. Le spectacle était magnifique. Chaque action, offensive ou défensive, était parfaitement exécutée par les hommes en noir.

---

1. Le cuir, c'est le ballon. Il est fabriqué avec du cuir ou des matériaux synthétiques.

En sortant du stade, j'étais aussi sonné que si on m'avait plaqué à terre. J'étais étourdi par tout le talent et la beauté du jeu néo-zélandais. Moi qui jouais au rugby depuis deux ans, je venais d'assister à une leçon de maîtres.

— En voilà un qui a des étoiles plein les yeux ! s'est réjouie Iriaka, tandis qu'on marchait. Ça brille autant que la Grande Ourse.

— Ça brille autant que le ciel nocturne de Nouvelle-Zélande ! ai-je ajouté.

— Je sens que tu vas faire de beaux rêves, cette nuit.

— J'ai déjà commencé.

— C'est quoi, ce rêve ? m'a demandé Iriaka.

— Jouer comme un All Black !

CHAPITRE 3

Rude concurrence

Retour à la semaine de la rentrée scolaire. Mercredi après-midi, j'enfile ma tenue de sport dans les vestiaires du club de rugby. C'est bondé. On est une trentaine, venus passer les tests de sélection. Seuls vingt-trois d'entre nous intégreront l'équipe des Benjamins.

— Lucas, qu'est-ce que tu fais ici ? me lance Mathis en entrant. Tu t'es trompé de vestiaires ? L'école de danse classique, c'est à l'autre bout de la ville !

Il jette son sac de sport sur le banc juste à côté moi. Depuis trois jours, il ne manque aucune occasion de se moquer. Comme je suis nouveau et que je ne veux pas faire de vagues, je ne réponds pas. Correction : je ne répon*dais* pas.

— Si tu étais un poil plus observateur, tu verrais que j'ai apporté des chaussures à crampons, pas des ballerines.

— Si tu étais un poil plus prudent, tu continuerais à t'écraser quand je te parle, me menace-t-il. Je pourrais te faire payer ta langue bien pendue sur le terrain. À coups de crampons, pas de ballerines.

Soudain, tout le monde m'observe. J'ai l'impression de sentir tout mon sang monter d'un coup à ma tête. J'aimerais me faire tout petit et disparaître. Sauf que les autres attendent ma réplique. Pour éviter l'escalade, je tente de clore le débat :

— Ce n'est pas en se parlant comme ça qu'on va bâtir un bon esprit d'équipe.

— Rien ne dit que tu seras sélectionné, me répond-il, l'air très sûr de lui. Tu joues à quel poste ?

— De-de… de-de… demi de mêlée, bégayé-je sous l'œil attentif des autres.

Tous me dévisagent. Toutes ces paires d'yeux braquées sur moi m'oppressent. Il faut vite que je sorte d'ici.

— Je joue aussi demi de mêlée, répond Mathis en se penchant vers moi. Désolé, mais tu ne fais pas le poids, demi-portion de mêlée. Le poste est pour moi.

— Que le meilleur gagne, alors ! dis-je en me levant.

Je sors des vestiaires en vitesse, la tête haute, sous les ricanements de l'assemblée. J'ai presque envie de prendre ça pour une victoire : au moins, je ne me suis pas évanoui en public !

Arrivé dans le couloir, je prends une grande inspiration pour me calmer, avant de sortir du bâtiment.

— Salut, gladiateur, lance Elliott depuis les gradins. Prêt pour la série de tests ?

— J'espère ! Tu viens jouer les pom-pom girls ?

— Si je me réfère aux cours d'anglais de M. Benazzi, je serais plutôt un pom-pom boy. Je n'y connais rien en rugby, mais je peux t'encourager.

— Ce n'est pas de refus.

— Je peux aussi te donner des conseils.

Ça, en revanche, ça m'étonne un peu.

— Je croyais que tu n'y connaissais rien en rugby…

— Je sais que ça se joue avec des crampons, répond-il en désignant mes pieds.

Oh non ! Je me balade en chaussettes ! Dans la précipitation, j'ai oublié d'enfiler mes chaussures !

Je rentre dans le bâtiment au moment où tout le monde sort. Les crampons cliquettent sur le sol. Si je n'étais pas totalement mortifié et (très) occupé à éviter les regards curieux de mes petits camarades, ce bruit me remplirait de joie : il marque le début d'une nouvelle saison.

— Tu as oublié tes ballerines ? lance Mathis en me croisant.

Je continue mon chemin sans répondre.

Arrivé dans les vestiaires, je rejoins le banc, sors les chaussures de mon sac et les enfile. Je tire sur le lacet et… *CRAC.* Mon lacet est cassé ! Je passe à la deuxième chaussure. *CRAC.* C'est pas vrai ! Elles sont neuves, pourtant ! Seule solution : mettre mes baskets… Mais double *CRAC* ! Là, c'est certain : quelqu'un a saboté mes deux paires de chaussures. Mathis… Ça ne peut être que lui.

Je sors du bâtiment, remonté comme une pendule. Pas question de louper les tests, pas question de laisser Mathis s'en sortir impunément ! Je rejoins Elliott en bord de touche.

— Tu me prêterais tes lacets pendant une heure ? demandé-je en lui montrant mes bouts de lacets. J'ai été victime d'un sabotage !

— Désolé, mais je porte des scratchs, s'excuse Elliott en faisant la grimace.

— Des scratchs ? Qui porte encore des scratchs aujourd'hui ?

— Moi. C'est plus rapide que le laçage. J'ai chronométré. Ça me fait gagner trois secondes par chaussure, soit six secondes pour les deux. Sur l'année, ça représente environ une heure que je peux utiliser pour des choses plus constructives. Comme lire un article de *Science & Vie Junior*, écouter un podcast sur les grands esprits du…

C'est plus fort que moi, je lui coupe la parole :

— C'est une catastrophe ! Sans lacets, je ne peux pas participer aux tests…

— J'ai ma petite poche ! Tu n'as pas de petite poche ? Je ne me déplace jamais sans ma petite poche.

— Je n'ai pas de petite poche, dis-je, paniqué. C'est quoi, une petite poche ?

— C'est une poche pour les situations d'urgence. Elle est petite. Une petite poche, quoi.

— Un kit de secours ?

— C'est beaucoup plus que ça, une petite poche, explique-t-il. Comme je ne me sépare jamais de mon sac à dos, j'ai garni la poche intérieure gauche de tout ce qu'il faut pour parer aux imprévus.

À l'intérieur du sac en question, je découvre une poche pas si petite que ça. Elle est tellement gonflée qu'elle semble sur le point de craquer. Elliott vide son contenu pour en faire l'article.

— Ventoline, pansements, bouchons d'oreille, dosette de crème solaire, lait concentré, chewing-gums mentholés, cuiller en plastique, stylo à bille, crayon à papier, feuille de papier, mini-mousqueton, cachets d'aspirine…

— Ça tombe bien, tu es en train de me filer un mal de crâne. Où veux-tu en venir ?

— La petite poche contient aussi ça ! se réjouit-il en extirpant une cordelette en boule. Tu veux quelle taille, pour tes lacets ?

Je saute de joie et lui tope dans la main.

L'entraîneur fait retentir son sifflet. Les tests vont commencer et je ne me suis pas échauffé. Je lace mes chaussures en vitesse.

— Vive la petite poche ! lancé-je à Elliott en partant rejoindre le groupe.

— Je devrais peut-être songer à l'enrichir d'une paire de lacets, répond-il, absorbé dans ses pensées. Et aussi d'une paire de scratchs.

— Cette année, je n'aurai pas le temps de coacher deux équipes de Benjamins, dit l'entraîneur. C'est pour ça qu'on ne va former qu'une équipe de quinze joueurs et de huit remplaçants, avec les meilleurs d'entre vous. Les autres devront trouver un autre sport. Je crois qu'il y a de la place en football.

L'entraîneur m'observe des pieds à la tête. Il fait une moue dubitative en voyant... mes lacets en cordelette ? Mes jambes de grillon ? Ma carrure de biscotte ? Tout ça à la fois ? Mon estomac tombe d'un coup dans mes talons. Mathis a-t-il raison ? Est-ce que je ne fais pas le poids ?

Je me ressaisis, serre les poings. Jouer comme les All Blacks, c'est mon rêve. Pas question d'y renoncer et de me rabattre sur un autre sport que le rugby. Et, surtout, pas question de laisser Mathis gagner.

Jade fait partie des candidats. C'est la seule fille. Vu son air déterminé, elle n'a pas du tout l'intention d'abandonner, elle non plus.

— Il y a aussi plein de place en danse classique, ironise Mathis en se tournant vers moi, puis Jade.

Le groupe étouffe un rire moqueur.

— Détrompez-vous, la danse est un sport très exigeant, réplique l'entraîneur, légèrement réprobateur. Qu'on soit rugbyman ou danseur de ballet, on pousse son corps jusqu'à la limite. Mais, aujourd'hui, pas de pointes et d'entrechats. Vous allez passer trois tests : sprint, slalom et passes.

Maintenant qu'il a remis Mathis à sa place, on peut passer aux choses sérieuses. On rejoint la ligne de but.

L'entraîneur se poste à l'opposé du terrain. Cent mètres nous séparent. Muni d'un chronomètre, il nous fait passer deux par deux, selon nos postes de prédilection. Je suis les progrès des candidats avec intérêt. Les avants sont puissants, mais pas très rapides. Leurs temps ne sont pas très bons. En tant que demi de mêlée, je vais devoir être plus véloce. Quand mon tour arrive, Mathis s'approche de la ligne de départ.

— Super, tes lacets, lance-t-il avant le coup de sifflet.

Il cherche à me déconcentrer, mais il rêve s'il croit que ça va marcher.

Je pose le bout de ma chaussure sur la ligne de but. J'inspire profondément. L'entraîneur donne le top départ.

Je pars comme un boulet de canon. J'active tous les muscles de mes jambes, je lance mes bras d'avant en arrière, je reste bien droit. Je fixe la ligne d'arrivée. Quand j'atteins la ligne des vingt-deux mètres, j'aperçois une silhouette à droite de mon champ de vision. Une silhouette qui se détache, qui me distance. C'est Mathis. Il m'a rattrapé. Je donne tout ce que j'ai pour m'accrocher.

Au bout du sprint, mes jambes et mes poumons sont en feu. Je refuse de céder à la douleur. Je ne pense qu'à la ligne d'arrivée. Lorsque Mathis la franchit, je suis dix mètres derrière lui. Il remporte la première manche.

— Allez, va t'acheter un tutu, lâche-t-il en reprenant son souffle.

Je ne réponds pas. Tout n'est pas perdu. C'est au tour de Jade. Elle courra face à un autre talonneur.

L'entraîneur souffle dans son sifflet. Jade ne se fait pas prier. Elle atteint rapidement sa vitesse de pointe. Son opposant peine à rester à sa hauteur, mais ils coupent la ligne d'arrivée au même moment.

— Égalité parfaite ! s'écrie l'entraîneur.

La deuxième épreuve, c'est le slalom. Des piquets sont disposés sur soixante-dix mètres, dans la largeur du terrain. On va devoir sprinter en zigzaguant.

Dès que le son du sifflet atteint mes oreilles, je m'élance. Je dois ralentir pour slalomer correctement entre les piquets. Mathis est sur mes talons. J'accélère un peu. Je compte le nombre de pas entre chaque piquet. Un, deux, trois, quatre, cinq. Au cinquième pas, je prends appui sur mon pied extérieur pour propulser mon corps vers l'intérieur, en direction du piquet suivant. Un, deux, trois, quatre, cinq, appui sur le pied extérieur, propulsion vers l'intérieur. Et un, deux, trois, quatre, cinq…

Concentration totale. Je franchis la ligne d'arrivée avec deux secondes d'avance sur Mathis. Il grogne et crache par terre.

Je souris. Ce qui me manque en rapidité, je le compense par ma vivacité. Le sprint était une épreuve pour Mathis, le slalom m'est plus adapté.

Encore une fois, ma cousine ne lâche rien. Elle fonce entre les piquets, quitte à leur donner un grand coup d'épaule. Elle finit première de sa course.

On termine par une course de cent mètres avec des passes. Chaque joueur alterne passe longue et passe courte. Il faut accomplir des passes vissées, c'est-à-dire que le ballon doit tourner sur lui-même comme une toupie.

Je cours vers le premier joueur. C'est Jade. Elle me lance le ballon. Je le réceptionne parfaitement. Je la dépasse et, quand je suis à cinq mètres d'elle, je me retourne pour lui rendre le ballon d'une passe longue. Une passe millimétrée.

Je poursuis vers le deuxième joueur. Je reçois son ballon. À peine l'ai-je dépassé que je lui renvoie la balle d'une passe courte.

J'enchaîne les passes jusqu'au bout du terrain. Le dernier joueur qui me donne le ballon est… Mathis. Son sourire en coin ne présage rien de bon. Quand je me retourne, il s'est décalé d'un mètre sur le côté. Je suis déjà en train de relâcher le ballon. Trop tard. Le cuir finit sa trajectoire par terre, ce qui n'échappe pas à l'entraîneur, qui fronce les sourcils. Je ne crois pas qu'il ait remarqué que Mathis s'était décalé pour me mettre en difficulté. J'ai le cœur qui bat à cent à l'heure. J'espère que sa petite ruse ne va pas me coûter ma place.

C'est au tour de Jade. Ce n'est pas une reine de la passe, ce qui ne l'empêche pas de s'en sortir avec les honneurs. Mathis, quant à lui, réussit parfaitement l'exercice.

— Approchez-vous pour le verdict, dit l'entraîneur quand tout le monde est passé. Voici la liste des joueurs sélectionnés…

Je croise les doigts. Il égrène les noms d'une voix égale, puis se tait. Il n'a pas prononcé mon nom. Je ne jouerai pas au rugby. Je suis au bord des larmes. J'entends à peine les cris de joie. Mathis m'adresse un clin d'œil moqueur. Il a été retenu, lui.

— Vous ne m'avez pas nommée ! s'indigne Jade.

— Tu as été excellente, dit l'entraîneur. Malheureusement, l'autre talonneur a été plus fort que toi en passes.

— J'ai été meilleure en slalom !

Il a l'air un peu gêné.

— Je préfère former une équipe exclusivement composée de garçons. Jusqu'à la saison dernière, on pouvait t'accepter dans l'effectif masculin, mais on ne peut pas t'intégrer chez les garçons indéfiniment. Inscris-toi dans l'équipe féminine du club de…

— C'est à quarante minutes d'ici ! Mes parents ne voudront jamais me conduire aux entraînements.

— Je suis désolé, Jade. Tu es douée, mais je ne te sélectionne pas.

Elle s'éloigne en poussant un cri de rage. Je la rattrape.

— Jade, je suis…

— Laisse-moi, me coupe-t-elle. T'es un garçon, et t'as même pas été capable d'être retenu. Moi, je veux devenir rugbywoman professionnelle. Et c'est fichu…

Là, elle n'est pas juste.

— Le rugby, c'est aussi ma passion. Je suis autant déçu que toi.

— Alors va pleurer dans ton coin !

Effectivement, j'aurais pu aller pleurer dans mon coin. C'est ce qu'on fait quand un rêve nous échappe…

CHAPITRE 4

Un recrutement audacieux

Je m'écroule au bord du terrain, triste, anéanti. Je défais mes cordelettes-lacets. Elliott griffonne sur un carnet de notes, puis range son stylo… dans sa petite poche.

— Il faut que tu travailles ta vitesse de pointe, dit-il en levant les yeux vers moi. Et tes passes.

— Mathis s'est décalé. S'il n'avait pas bougé, ma passe aurait été parfaite.

— Tes coéquipiers ne resteront pas immobiles lors d'un match. Tu ne devrais jamais lancer le ballon avant d'avoir un visuel sur le réceptionneur.

Il n'a pas tort, seulement je n'ai pas besoin qu'il me fasse la leçon.

— Super conseil, mais ça ne va pas me servir. Le club ne veut pas de moi.

— Travaille aussi ton mental. On n'abandonne pas à la première déconvenue.

Je me tourne vers lui, agacé.

— Je viens de parler à l'entraîneur. Premièrement, il me trouve trop fluet pour jouer en Benjamins. Deuxièmement, il ne double pas le poste de demi de mêlée. Troisièmement…

— Il y a une demi-douzaine de raisons qui expliquent son choix, m'interrompt Elliott.

— Merci de me remonter le moral !

— Par contre, il n'y a aucune raison pour que tu t'avoues vaincu.

— Je ne suis pas sélectionné ! m'emporté-je. T'as une solution miracle ? Tu vas me sortir une équipe de rugby de ta petite poche ?

— J'ai cru comprendre que tu étais allé en Nouvelle-Zélande…

— Quel rapport ?

— Tu t'y connais, en cinéma néo-zélandais ?

— Les trilogies du *Seigneur des anneaux* et du *Hobbit* ont été tournées là-bas. Rien à voir avec le rugby !

— Les deux héros ne partent pas à l'aventure en solo. Frodon s'appuie sur la communauté de l'anneau – quatre Hobbits, deux Humains, un Elfe, un Nain et même un Magicien, Gandalf. Bilbon, quant à lui, est accompagné de treize Nains.

— Bravo pour ta culture geek, mais ça ne m'aide pas.

— Frodon et Bilbon réunissent une équipe autour d'eux ! lance Elliott avec entrain. On pourrait les imiter ?

Pas bête. Voire très astucieux. L'espoir renaît d'un coup. Je me redresse.

— La communauté de l'ovalie[1] ! C'est du génie ! Par contre, pour l'entraîneur, on fait comment ?

— Je vais consulter tout ce que je trouve sur le rugby pour me mettre à niveau. Je serai votre coach et fin tacticien. Je serai… votre Gandalf.

— Alors, il reste à recruter quatorze joueurs, dis-je en mesurant l'ampleur de la mission.

— Pourquoi quatorze ? Je croyais que le rugby se jouait à douze, en Benjamins.

— Exact. Sauf que le club a décidé de former une équipe de rugby à quinze, alors on va faire pareil. Et on va tâcher de découvrir pourquoi on ne joue plus à douze…

— Une énigme ? J'adore les énigmes !

— Recruter quatorze joueurs et résoudre une énigme. On a du pain sur la planche…

Mercredi matin, je retrouve Elliott dans la cour de récréation. Il a de petits yeux.

— Nuit blanche ?

— Oui, j'ai avalé tous les livres que j'ai pu trouver à la bibliothèque, répond-il en réprimant un bâillement. J'y vois plus clair. Prochaine étape : regarder un maximum de vidéos sur Internet.

---

1. « Ovalie », c'est le nom qu'on donne au monde du rugby, du ballon ovale. Ça désigne aussi les régions historiques du rugby en France (le Midi, notamment le Sud-Ouest).

— Parlons de l'équipe. On a besoin de…

— Quinze joueurs. Huit avants et sept arrières.

— Tu as bien révisé ! m'exclamé-je en souriant.

— J'ai trouvé notre demi de mêlée, poursuit-il. Il s'appelle Lucas. Il est un peu maigrichon, mais il a des origines néo-zélandaises. C'est peut-être un futur All Black !

— Je vois exactement de qui tu parles. C'est trop un beau gosse. Et intelligent avec ça.

Beau, peut-être. Intelligent, volontiers. Complice avec son nouvel ami, certainement. Moi qui pensais que j'allais passer une année de misère, tout seul dans mon coin !

— Par contre, il est bizarre, me taquine Elliott. Il lace ses chaussures avec de la cordelette…

— Tu crois qu'il saute à la corde avec des lacets ?

On éclate de rire un peu trop fort. Un groupe de collégiens nous dévisage. Je rougis.

— Je propose de recruter tous ceux qui n'ont pas été sélectionnés par le club, reprend Elliott.

— Ça fait huit. Il faut encore en trouver sept.

— Selon mon analyse, il nous manquerait deux piliers, deux ailiers, un demi d'ouverture et un arrière. Je me suis renseigné sur les sixièmes du collège. Je pense avoir trouvé les recrues idéales.

COMPOSITION D'UNE ÉQUIPE DE RUGBY

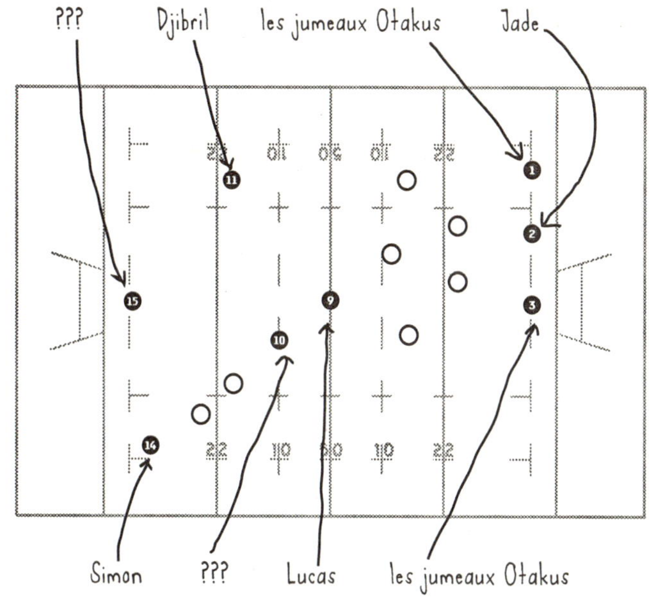

— Commençons par nos deux piliers. Ils sont en première ligne de la mêlée, donc il faut des costauds. (Elliott désigne deux collégiens au fond de la cour. Ils sont aussi larges que hauts.) Les jumeaux Otakus. « Otaku », c'est un peu un synonyme de « geek » en japonais. On les appelle comme ça car ils sont fans de mangas, de jeux vidéo et de culture japonaise.

— Ils ont déjà joué au rugby, les Otakus ?

— J'en doute. Ils sont passionnés par un tout autre sport. Une discipline japonaise qui exige d'avoir leur gabarit pour le moins massif.

— Le sumo ?

— Exactement, répond Elliott. Avec ces deux-là en première ligne, ça va pousser fort dans la mêlée.

— Super ! Pour les ailiers, il nous faut deux flèches capables d'échapper aux défenseurs adverses pour marquer l'essai.

— Les Bannis ! annonce Elliott. Ils sont parfaits pour ce poste.

Décidément, il a trouvé des noms de code pour tout le monde. Quel serait le mien ? La brindille ?

— C'est qui, les Bannis ?

— Les deux meilleurs sprinters du club d'athlétisme. Djibril et Simon. Ils étaient toujours au coude à coude l'an dernier. Alors, pour se départager, ils se sont fait les pires crasses.

— Genre, ils se sont jeté des peaux de banane en pleine course ?

— Ah non, ils ont été beaucoup plus créatifs que ça. Laxatif dans la gourde, rabotage des crampons de chaussures, tapage nocturne la veille d'une compétition... Ils ont été exclus du club pour un an. « Bannis ». Mon petit doigt me dit qu'ils adoreraient un nouveau défi sportif.

— Ils ne risquent pas de se taper dessus ?

— Pas s'ils se retrouvent dans la même équipe. Enfin, j'espère...

D'un coup, Elliott a l'air songeur... Je l'interroge :

— Et notre arrière ? Tu as une idée ?

— Le plaqueur de la dernière chance, le premier relanceur… dit-il, pensif.

— On a besoin d'un rempart et d'une rampe de lancement.

— On a besoin…

— … de moi !

Elliott et moi faisons un bond de trois mètres. Un garçon dégingandé vient de surgir derrière nous. Mais il sort d'où, lui ?

— Désolé, j'ai surpris votre conversation. Je m'appelle Colin. Je suis gardien de foot remplaçant. Sauf que le titulaire ne s'est jamais blessé. Du coup, je ne l'ai jamais remplacé…

Elliott et moi, on le regarde de la tête aux pieds. Il est grand et maigre. Il n'a pas la carrure pour tenir ce poste.

— Tu penses avoir les qualités pour jouer arrière ? demande Elliott.

— Je suis gardien… Je sais capter un ballon aérien.

— Point positif, suis-je forcé d'admettre. Mais tu es un footeux. Qu'est-ce qui te fait croire que tu seras bon rugbyman ?

— Vous allez jouer contre l'équipe de Mathis ?

— Oui, c'est l'idée.

Il nous adresse un grand sourire. Un sourire un peu inquiétant quand même. Qu'est-ce qu'il va nous révéler ?

— Je suis son souffre-douleur depuis trois ans. C'est ça, mon atout. S'il tente de marquer un essai, je me débrouillerai pour le faire payer. Je veux dire… pour le plaquer dans les règles de l'art.

— Belle motivation ! approuve Elliott. Tu es engagé !

— Il ne nous manque plus qu'un demi d'ouverture, dis-je. Un joueur capable d'organiser le jeu et de tirer les pénalités.

Colin semble réfléchir trois secondes, et son visage s'éclaire.

— J'ai peut-être celui qu'il nous faut. C'est un autre remplaçant. Un attaquant avec une grosse frappe. Wassim, surnommé Frappe de plomb.

Colin désigne un groupe de garçons qui jouent au foot dans la cour. L'un d'eux se retrouve sans marquage. Sans hésiter, il en profite pour tirer au but. Et sa frappe passe trois mètres au-dessus des cages. Hué par les autres joueurs, il se retire en boudant. Je grimace.

— Son jeu au pied n'est pas très précis…

— Il tire toujours trop fort, toujours au-dessus de la barre transversale, explique Colin. C'est pas le but, au rugby ?

— Un joueur qui vise au-dessus de la barre transversale, c'est un roi de la pénalité[1] ! se réjouit Elliott. On a notre équipe ! Lucas, au boulot…

— Quel boulot ?

---

1. Une pénalité est un coup franc qu'il faut tirer entre les poteaux, au-dessus de la barre transversale.

— Tu es le meneur, m'explique Elliott, avec sa patience habituelle. C'est à toi d'inviter les joueurs.

— Mission délicate.

— Pourquoi tu fais cette tête-là ?

— Parce qu'on a une talonneuse caractérielle et imprévisible. Jade. Et que je vais devoir la convaincre de jouer avec son cousin…

Si la mission recrutement ne m'enchante pas, c'est aussi parce que ça m'oblige à aller à la rencontre d'une douzaine d'inconnus. Tout ce que je déteste ! Quand on est réservé et solitaire comme moi, c'est une épreuve terrible. Du genre qui donne des sueurs froides. J'aurais adoré me défiler, mais voilà, c'est ma seule chance de jouer au rugby, alors je me fais violence.

Je commence par le plus facile : les joueurs écartés suite aux tests. Les « Recalés ». Comme ils sont passionnés de rugby, je n'ai aucun mal à les rallier. Leurs réactions vont du poing serré en signe de victoire à l'éclat de joie, en passant par le *hug* de remerciement. Un avant un peu trop enthousiaste, et un peu trop musclé, me fait presque recracher mon foie en me serrant dans ses bras comme s'il voulait m'essorer. Je le quitte en titubant.

Convaincre les jumeaux Otakus risque d'être un peu plus compliqué. Ils lisent une encyclopédie sur le Japon, assis sur un banc.

— *Konnichiwa*, me saluent-ils quand je les aborde, les mains moites et le cœur battant.

Ça doit vouloir dire « bonjour » en japonais.

— Cornichon ha ! dis-je, tentant de les imiter. Je m'appelle Lucas. Et vous ?

— Es-tu capable de nous différencier ?

Je les regarde attentivement. Ils sont la copie parfaite l'un de l'autre : même visage rond, même corpulence imposante.

— Non, pas vraiment.

— Alors pas besoin de connaître nos prénoms. Tu les mélangerais.

— Comme vous voudrez. Euh… donc… ça vous dirait d'être piliers dans une équipe de rugby que je suis en train de monter avec des amis ?

Les garçons se regardent, puis l'un des deux prend la parole :

— On préfère le sumo. Un jour, on tentera notre chance comme lutteurs professionnels au Japon.

— En attendant, vous pourriez vous muscler en jouant dans notre équipe, proposé-je.

Ils font non de la tête à l'unisson.

— Désolé. On mange, on respire, on vit Japon. Le rugby, ça n'est pas pour nous.

Pas question de laisser filer mes deux piliers. Je dois trouver le moyen de les appâter. En leur faisant miroiter un régime alimentaire à base de sushis ? En leur promettant des entraînements en japonais dans le texte ? Je ne suis pas sûr qu'il y ait un mot japonais pour dire « chistera[1] »…

Je suis sur le point de m'avouer vaincu lorsque je me souviens d'un match de coupe du monde… qui m'offre un argument imparable !

— Tant pis, déploré-je. Je pensais que ma proposition intéresserait deux experts de la culture *japonaise* comme vous. Le rugby est devenu un sport populaire chez les *Japonais* depuis que leur équipe nationale a gagné contre l'Afrique du Sud lors de la coupe du monde 2015. Et puis, il y a la coupe du monde 2019 organisée au *Japon*…

Ils tournent les pages de leur encyclopédie jusqu'à la lettre R, puis lisent un des articles en remuant les lèvres avec un synchronisme parfait.

— Surnom de l'équipe japonaise : « les Fleurs braves », dit l'un des jumeaux.

— Maillot blanc rayé de rouge, complète l'autre.

— On commence quand ? demandent-ils.

Victoire ! On a nos piliers ! Au tour des Bannis.

Je commence par Djibril. En passant à côté de lui, je fais semblant de prendre des notes, la tête plongée dans un carnet.

— Apparemment, Simon est le sprinter le plus rapide du collège, dis-je en prenant soin de parler assez fort pour que Djibril entende. C'est la future star

1. Au rugby, une chistera est une passe effectuée dans le dos en balançant le bras d'avant en arrière.

de l'équipe. (Il se tourne vers moi. Je prétends ne pas le voir.) Je crois que la victoire est à nous ! ajouté-je.

Je ferme mon carnet. Djibril s'approche de moi.

— Tu montes une équipe de foot ?

— De rugby. Je viens de recruter un TGV pour marquer les essais. Un certain Simon.

— T'es nouveau, toi ?

— Oui, je viens d'arriver. Pourquoi ?

— Si tu étais d'ici, tu saurais que je suis beaucoup plus rapide que Simon. C'est moi qu'il faut engager, pas lui.

— On a besoin d'un ailier droit et d'un ailier gauche… Si tu veux, tu peux être notre deuxième TGV.

— Simon sera votre TGV, dit-il en me serrant la main pour conclure l'affaire. Moi, je serai votre fusée.

Je m'éloigne en me retenant de sauter de joie. On a notre premier ailier ! Je ressors mon carnet et je rejoue la scène en passant à côté de l'autre Banni, Simon.

— Tu cherches des sprinters ? demande-t-il.

— Exact. Je viens de trouver notre machine à essais. Un certain Djibril.

— Sauf que je suis beaucoup plus rapide que lui, m'assure Simon.

Gagné !

— Ça tombe bien, on a besoin d'un ailier droit. Tu veux être notre deuxième fusée ?

— Djibril sera votre fusée. Moi, je serai votre comète.

On a nos deux ailiers ! Au suivant… Wassim Frappe de plomb, le demi d'ouverture. Il est assis dans un coin de la cour, seul. Il broie du noir.

— Je t'ai vu jouer, dis-je. Beau match !

— Les autres ne sont pas du même avis, bougonne-t-il. Ils m'ont exclu de l'équipe.

— Vraiment ? Pourtant, tu tires super bien au-dessus de la barre transversale.

Il se renfrogne aussi sec.

— Justement, il faut tirer en dessous, dans les buts. Je n'y arrive pas. Mes tirs passent au-dessus, toujours au-dessus… C'est une malédiction depuis des années.

— Ce n'est pas une malédiction, c'est un don ! Tu t'es juste trompé de sport.

Une lueur d'espoir se met à briller dans ses yeux.

— Ah oui ?

— Oui ! Ton sport, c'est le rugby. On a besoin d'un tireur avec une frappe lourde dans mon équipe. Tu serais parfait pour les pénalités.

— Tu m'intègres dans le groupe ? demande Wassim, qui n'en croit pas ses oreilles.

— Sans hésiter ! Tu feras un excellent demi d'ouverture.

— Super !!! On commence quand ?

Quand j'aurai recruté notre talonneuse… Ça s'annonce compliqué. Avec Jade, il me faudra des stratagèmes de compétition !

CHAPITRE 5

Musculation et révélation

Depuis que je sais lire, ma grand-mère m'écrit. Des emails, et aussi des lettres ! Sur papier ! C'est franchement ringard, mais en secret, j'adore ça. Quand je trouve un de ses courriers dans la boîte aux lettres, c'est comme un cadeau de Noël. Comme si elle était avec moi.

Vendredi, je reçois justement une lettre.

Kia ora[1] mon petit Lucas,

J'espère que ton installation en Auvergne te réjouit.
Tu dois être content d'emménager près de ta cousine.
La famille, c'est important. Vous allez pouvoir passer plein de temps ensemble. Et même jouer au rugby !
Jade a parfois le caractère de sa grand-mère (un excellent caractère, juste un peu... mordant), mais ça ne vous empêchera pas de devenir deux cousin-cousine inséparables. Fais-lui un gros bisou de ma part.
Comment s'est passée la rentrée ? Tu t'es fait de nouveaux amis ? Je sais que tu es parfois un peu timide, mais aie confiance en toi et en ton ihi.

---

1. *Kia ora* signifie « bonjour » en māori.

Tu connais le mot « ihi » ? En māori, ça signifie le charisme, la force intérieure, l'énergie qu'on dégage et qui entraîne ceux qui nous entourent. On a tous du ihi dans la famille, même s'il est parfois caché, enfoui au plus profond de nous. À toi de creuser !

Grosses bises à mon petit-fils unique préféré,

Iriaka

La lettre tombe à pic. J'avais besoin qu'on me donne du courage avant d'affronter Jade. Comme c'est le recrutement le plus délicat, je l'ai gardé pour la fin.

La dernière fois qu'on s'est parlé, elle m'a dit d'aller pleurer dans mon coin. Là, il n'est ni l'heure de pleurer ni l'heure de s'isoler dans son coin. Mais plutôt celle de réveiller mon ihi.

J'enfourche mon vélo, direction la maison de Jade. J'emporte un ballon avec moi, pour mon plan B. Si tout se passe bien, je n'en aurai pas besoin.

Je frappe à sa porte, débordant d'appréhension, les mains crispées sur le ballon.

— Qu'est-ce que tu fais là ? me lance-t-elle en ouvrant.

— Je viens te faire une proposition. Je suis en train de monter une équipe…

— Je t'arrête tout de suite. Pas question de jouer au rugby avec une demi-portion comme toi.

Pour les arguments, la demi-portion va devoir mettre les bouchées doubles.

— On est cousin-cousine, on a le même âge, et maintenant on vit dans la même ville. C'est l'occasion de passer du temps ensemble, de devenir…

— Amis ? complète-t-elle. Être dans la classe de mon idiot de cousin, c'est largement suffisant. Oublie-moi.

Le moment est venu d'abattre mes cartes. D'exploiter le caractère « mordant » de Jade. En espérant qu'elle morde à l'hameçon…

— De toute façon, pas sûr que tu aies le niveau.

— Tu es en train de dire que je n'ai pas le niveau parce que je suis une fille ? lâche-t-elle en montrant les dents.

— Bien au contraire. Je venais te proposer un poste idéal pour une fille.

— Talonneuse ?

Je réponds par des éclats de rire sonores et forcés. J'espère que je suis bon comédien.

— J'adore ton humour ! m'exclamé-je. Plus sérieusement, je venais te proposer le rôle de pom-pom girl.

— Pom-pom girl ? C'est ça, ta proposition ?

— Pom-pom girl ou mascotte géante, on hésite encore. On cherche juste quelqu'un qui nous encourage depuis le bord du terrain. Ça te plairait, un costume de mascotte ? (Pas de réponse. Elle me fusille du regard.) Il faut d'abord qu'on se décide sur l'animal qui nous représentera. La plupart des animaux cool sont déjà utilisés par d'autres équipes. Lion, puma, aigle, ce genre de prédateurs. Ça nous laisse peu de choix. On a pensé au triton, au putois et à la méduse. (Toujours pas de réponse. Elle serre les poings.) Tu as une préférence ? Je crois que ça t'irait bien, un costume de méduse. (Elle fait un pas vers moi. Un pas menaçant.) Tu n'es pas emballée par le costume de méduse ? Je m'en doutais. Et la fouine ? Je te vois bien habillée en fouine. Tu porterais une jolie fourrure.

— Je ne porte pas de fourrure et je ne joue pas à la potiche dans le couloir de touche. Je suis talonneuse.

Je lui montre le ballon et le cale sous mon bras.

— Alors voyons ce que tu vaux vraiment, dis-je. Je vais écraser le cuir sous le grand chêne, de l'autre côté de la maison. Si tu es capable de me plaquer avant, tu gagneras ta place de talonneuse. Mais si j'arrive à marquer l'essai, tu deviendras notre mascotte.

— Je ne veux pas jouer dans ton équipe, mais je veux bien te faire bouffer le gazon.

— Tu rêves !

Je m'élance dans le jardin. Il faut contourner la maison pour atteindre le grand chêne. Dans ma précipitation, je pars du mauvais côté. Du côté le plus long… Comme je n'entends pas Jade derrière moi, je suppose qu'elle a pris le côté court. Elle risque d'arriver avant moi. Et là, c'est plaquage frontal assuré…

J'accélère, sprinte comme un dératé. Je saute pardessus une brouette, slalome entre deux buissons, passe sous une corde à linge. Quand j'arrive à l'angle de la maison, j'aperçois le chêne qui se dresse au milieu du jardin. Jade n'apparaît pas en face de moi. Je jubile. Je vais gagner !

Sauf que… je ne dois pas gagner. Je suis venu recruter ma cousine comme talonneuse, pas comme mascotte. J'ai élaboré le plan le plus idiot de l'histoire des plans idiots, et je ne m'en rends compte que maintenant.

Au moment où j'atteins le chêne, je suis violemment balayé sur le côté. J'ai l'impression que l'arbre a déployé une grosse branche pour me projeter au sol. Je m'écrase face contre terre.

— Pourquoi faire le tour de la maison quand on peut simplement la traverser ? lance Jade. La pelouse a bon goût ?

Elle a pris le chemin le plus court, déboulant par la porte-fenêtre du salon pour me stopper.

— Bwavo ! Bweau plaquache ! articulé-je en mangeant de l'herbe.

— Ton équipe, elle va jouer contre qui ? Contre Mathis ?

— C'est l'objwectif.

— Alors, je suis votre talonneuse. Je joue un match avec vous, je pulvérise Mathis, et ensuite je quitte l'équipe.

— Mawché conclu !

Elle se lève et disparaît dans la maison sans un au revoir. Je suis encore trop sonné pour me relever. Je reste étalé par terre. C'est pas mal, l'herbe. C'est frais. Je dois ressembler à une méduse ventousée sur une plage, ce qui fait honneur à la mascotte de l'équipe, mais pas au demi de mêlée que je suis…

Samedi matin, un concert de bâillements marque le début du premier entraînement de l'équipe. On a tous de petits yeux, parce que ce n'est pas juste le samedi matin. C'est samedi TÔT le matin.

On s'est réveillés à 6 heures pour un rendez-vous à 7 heures au club de rugby. Si on y va d'aussi bonne heure, ce n'est pas par impatience de commencer ou pour s'imposer une discipline militaire. C'est pour s'introduire dans le club par effraction !

Comme on a été recalés de l'équipe « officielle », on n'a pas le droit d'accéder aux infrastructures. J'ai dû inventer un mensonge pour rassurer mes parents, surpris de voir leur fils se lever à l'aurore. Je leur ai raconté que je partais faire un footing matinal avec des amis.

J'attends le reste de l'équipe. Des silhouettes s'approchent dans le soleil levant. Je reconnais celles de Colin (longue et dégingandée), des jumeaux Otakus (rondes et imposantes), de Jade (qui marche d'un pas décidé) et d'Elliott (qui porte son éternelle carapace : son sac à dos gonflé au niveau de la petite poche).

Quand j'ai débarqué sur le lieu de rendez-vous, les Bannis – Djibril et Simon – étaient déjà là. Chacun m'assurait être arrivé avant l'autre. Longtemps avant l'autre. Deux secondes et demi. Une éternité, pour un sprinter.

Lorsque tout le groupe est réuni, on longe le bâtiment. À tour de rôle, on se hisse sur une poubelle, puis sur le toit, puis on s'engouffre par un Velux qui ferme mal. Elliott a découvert son existence en faisant des repérages.

On atterrit directement dans la salle de musculation.

— Bienvenue dans notre salle de sport, dit Elliott. Selon mes renseignements, les premiers membres du club arrivent vers 8 h 30. Tous les samedis, vous aurez donc une heure et demie pour soulever de la fonte et développer musculature, cardio et endurance.

Il me fait signe de prendre la parole. Ce n'était pas prévu ! Quatorze paires d'yeux sont braquées sur moi. Je me mets à paniquer.

— On commence par un échauffement, lance Elliott, me sauvant d'un silence embarrassant. Dix minutes de rameur ou de vélo. Au boulot !

Les jumeaux Otakus se tapent sur l'épaule pour s'encourager, les Bannis se ruent sur les rameurs pour se mesurer l'un à l'autre, Jade tire Wassim par le col au moment où il allait enfourcher le vélo qu'elle a choisi. Le groupe se met au travail.

— Tu es le meneur de l'équipe, me répète Elliott. Il faut que tu fédères tout le monde autour de toi.

— Comment ?

— Un speech ! C'est pour ça que je t'ai donné la parole. La plupart des joueurs ne se connaissent pas. Il faut créer un esprit d'équipe si on veut être forts sur le terrain.

C'est le moment de réveiller mon ihi… J'inspire profondément, puis me mets à arpenter la salle de musculation, passant entre les vélos et les rameurs.

— On a tous une bonne raison d'être ici ! dis-je d'une voix que j'espère assurée. Certains ont été exclus de l'équipe officielle, d'autre de leur club d'athlétisme…

À ce moment-là, Djibril et Simon redoublent d'efforts sur leur rameur. Les Bannis font la course, et ils ne font pas semblant.

— Certains rêvaient d'un autre sport que le rugby…

— Oui, Senseï ! me lancent les jumeaux Otakus à l'unisson. Le sumo !

— Le football… disent Colin et Wassim.

— On aurait pu baisser les bras, continué-je. On aurait pu se dire qu'on est des losers. Mais on a décidé de se battre.

C'est le moment de motiver les troupes. J'y mets tout mon ihi.

— Tous les quinze, avec de la passion, on peut fonder un groupe de gagnants ! Est-ce que vous êtes avec…

— Tais-toi !!! me lance Jade.

— Chut ! ajoute Elliott.

Moi qui sentais poindre mon ihi pour la première fois de ma vie, il se dégonfle d'un coup, peut-être même pour toujours. Je comprends vite pourquoi on m'a interrompu.

— Des gens arrivent. Des gens du club… explique Elliott en chuchotant.

— Tous au Velux ! lancé-je.

On se précipite sous la fenêtre, on se fait la courte échelle. Je vais me poster à l'entrée de la salle de musculation pour guetter l'arrivée des lève-tôt. Ils sont deux. Je les entends glisser la clé dans la porte d'entrée, à l'autre bout du couloir.

— Ils vont nous surprendre ! Vite !

J'en ai des sueurs froides. Je me tourne vers le Velux. Tout le monde s'est hissé sur le toit, sauf les Bannis. C'est pas vrai, ils rament encore ! C'est à qui arrêtera le dernier !

— Descendez !

— Djibril d'abord, dit Simon.

— Simon d'abord, dit Djibril.

— Si vous n'arrêtez pas maintenant, on va se faire choper !

À l'autre bout du couloir, la porte d'entrée s'ouvre. Deux silhouettes pénètrent dans le bâtiment. Moins d'une minute, et on se fait attraper.

Il faut que je la joue malin, sinon les Bannis ne vont pas lâcher leur rameur.

— Simon, ne le prends pas mal, mais tu n'as aucune chance de passer par le Velux avant Djibril. C'est une vraie fusée.

Sans se faire prier, les Bannis sautent de leur rameur comme on jaillit des starting-blocks. Ils se lancent dans un sprint jusqu'à la fenêtre.

Pendant qu'ils font la course, j'épie les deux hommes au bout du couloir. Ils allument la lumière. Sous les néons, je découvre l'entraîneur du club de rugby et M. Benazzi, notre professeur d'anglais. Étrange…

Je tends l'oreille.

— C'est pour ça qu'on va s'entraîner à quinze plutôt qu'à douze avec les Benjamins, explique l'entraîneur au professeur.

La fameuse énigme du jeu à XV… Voilà une chance unique d'élucider ce mystère. J'hésite à peine une seconde. À pas de loup, je m'approche du couloir.

— Je vous ai fait venir pour…

BOUM ZOOM ZOOM PAF !

Je ne suis pas expert en onomatopées, mais à peu de chose près, c'est le bruit que vient de faire un disque de fonte en tombant par terre. Simon a sauté pardessus une barre de musculation comme s'il courait un 110 mètres haies, mais il s'est pris les pieds dedans. Le vacarme retentit jusque dans le couloir.

Ralenti, Simon atteint le Velux en deuxième. Djibril le chambre en s'époussetant l'épaule, puis disparaît par l'ouverture. Il tend la main à Simon pour l'aider à grimper. Je me précipite.

— Il y a quelqu'un ? crie l'entraîneur depuis le couloir.

J'arrive sous la fenêtre. Et là, horreur : aucune main n'apparaît pour me hisser sur le toit. Les Bannis ont disparu, sûrement pour être les premiers à regagner la terre ferme.

J'entends des bruits de pas qui se rapprochent. La porte de la salle s'ouvre…

Je me cache derrière un banc de musculation.

L'entraîneur allume la lumière. Je retiens mon souffle.

— On dirait qu'il n'y a personne, dit l'entraîneur. Étrange… Un poids a dû tomber…

Il scrute encore un peu la pièce, avant de s'avancer vers les machines.

— Merci d'avoir pu venir si tôt, monsieur Benazzi, continue-t-il. C'est le matin en France, mais c'est déjà le soir en Nouvelle-Zélande. Si on passait ce coup de téléphone plus tard dans la journée, ça serait la nuit, chez eux.

— Donc, qu'est-ce que vous voulez que je leur dise, à ces All Blacks ?

— J'ai besoin de connaître tous les détails d'une compétition de rugby à XV qu'ils organisent en décembre.

Les All Blacks ? Une compétition ?

— Quel genre de compétition ?

— Un tournoi de sélection. Toutes les équipes de la région vont y participer. Les meilleurs joueurs seront invités à la All Blacks Academy.

— C'est quoi, la All Blacks Academy ? demande M. Benazzi.

— C'est une école de rugby en Nouvelle-Zélande. Des Benjamins du monde entier vont s'y former un semestre durant. C'est idéal pour nous, mais aussi pour les All Blacks. Les Benjamins néo-zélandais se confronteront aux styles de rugby des autres pays, et notamment au *French flair*[1] des Français.

— Et vous voulez que je traduise ce que les gens de la All Blacks Academy vont vous dire au téléphone ?

— *Yes*, répond l'entraîneur. *My English is very* mauvais…

Ils sortent de la salle, direction le bureau du club. Je me remets à respirer normalement. Enfin, pas vraiment… Mon cœur bat à toute vitesse. Il s'est emballé dès que j'ai entendu la *very good* nouvelle : les All Blacks vont inviter de jeunes rugbymen dans leur académie, en Nouvelle-Zélande !

---

1. Le *French flair* est une expression anglaise pour qualifier le style plein de panache des Bleus. On peut aussi dire « beau jeu ».

CHAPITRE 6

Un entraînement sur mesure

— La All Blacks Academy, c'est le rêve ! dis-je à Elliott, enthousiaste comme jamais.

— Avant de s'y voir, il y a beaucoup de choses à régler. Notre esprit d'équipe laisse à désirer… Je te rappelle que les Bannis t'ont abandonné dans la salle de muscu.

— Pas grave ; ils faisaient encore la course. Lequel est descendu du toit en premier ?

— Djibril dit qu'il a touché terre un dixième de seconde avant Simon. Simon dit que la semelle de Djibril était plus épaisse, ce qui lui aurait fait gagner deux dixièmes de seconde.

— Il faut apprendre à canaliser leur rivalité. Mais s'ils ne m'avaient pas abandonné, je n'aurais pas découvert que les Benjamins s'entraînent au rugby à XV pour participer au tournoi de la All Blacks Academy. D'ailleurs, il nous reste quinze semaines avant la compétition…

— Alors, on n'a pas de temps à perdre. Tu as déjà utilisé une machine à coudre ?

On est dans l'atelier d'Elliott, au fond de son jardin. C'est une caverne d'Ali Baba sur deux niveaux. Il y a plein de machines électroniques et mécaniques. Tout le matériel nécessaire pour construire une caisse à savon, voire une fusée.

— J'ai constitué un stock de bric et de broc, explique Elliott. Caoutchouc, polystyrène, une collection de vieux bonnets et plein d'autres trucs. Il faut les assembler.

— On va fabriquer des équipements de protection ?

— Quinze équipements de protection pour pas un rond. On n'a pas de budget, pas d'infrastructure, pas de club pour nous soutenir, alors c'est système D.

Je me mets au travail sans poser de question. On découpe, on ourle, on rembourre, on coud.

Deux heures plus tard, j'ai des cloques plein les mains.

Elliott enfile l'un des ensembles. Il marche vers moi comme un mannequin lors d'un défilé de mode. Il est protégé de la tête aux pieds.

— Voici notre tenue d'entraînement ! s'exclame-t-il, fier de sa création. Genouillères et coudières en caoutchouc, épaulières et bonnet rembourrés de polystyrène. On a besoin de protections pour ne pas se blesser lors des plaquages.

— Avec ça, on ne va pas se protéger des moqueries... dis-je, un peu sceptique.

— Je suis coach de rugby, pas styliste. Pendant que tu couds les dernières tenues, je vais terminer la programmation d'un logiciel.

Il quitte l'espace couture pour rejoindre le laboratoire informatique en mezzanine. Son visage est seulement éclairé par la lumière bleutée d'un écran d'ordinateur.

Une heure (et trois cloques) plus tard, je monte le retrouver.

— Fini ! lance-t-il. J'ai mis au point un logiciel basique pour entraîner notre demi de mêlée et notre demi d'ouverture.

— Un jeu vidéo ?

— Exactement.

— Genre… FIFA ? FORTNITE ?!!!

— C'est un jeu de stratégie de rugby. Wassim et toi, vous serez chargés d'organiser le jeu et de lire celui de l'équipe adverse. Il est important que vous sachiez analyser les phases de jeu d'un seul coup d'œil.

— Tu l'as appelé comment, ton jeu ?

— BrennusPlay ! Du nom du bouclier[1].

— Je peux essayer maintenant ?

— Un test, bien sûr, dit-il en me tendant un casque de réalité virtuelle.

— C'est un jeu en VR ? Trop cool !

---

1. Le bouclier de Brennus est le nom du trophée décerné au vainqueur du championnat français de rugby, le top 14.

J'enfile le casque et prends un contrôleur dans chaque main.

— Je te mets en mode facile, explique Elliott.

— Face à Mathis, ça ne sera pas facile. Mets-moi direct en mode expert.

— Comme tu voudras.

L'image apparaît, et je suis soudain coupé de la réalité. Je suis au milieu du terrain. Je regarde autour de moi. Les graphismes sont rudimentaires : les joueurs sont dessinés en fil de fer, la pelouse est un grand rectangle vert entouré par le vide.

— Tu aurais pu dessiner des tribunes pleines à craquer autour du terrain, me plains-je pour rigoler. Avec des supporters en folie.

— Pas le temps pour les coquetteries. J'ai mis les adversaires en rouge. Quelle couleur tu veux pour ton équipe ?

— Du noir ! Comme les All Blacks.

J'entends Elliott qui pianote sur le clavier de l'ordinateur. Mes joueurs virent au noir.

— Je suis prêt ! dis-je, impatient.

— Le jeu commence sur une mêlée de ton équipe, au moment où tu récupères le ballon à l'arrière du bloc. Dès que tu l'as entre les mains, à toi d'organiser le jeu. Tu peux courir balle en main, faire une passe, initier un maul.

— OK ! Appuie sur *start* !

— Je te préviens, en mode expert, tu auras une petite surprise…

« GET READY ! » apparaît devant mes yeux. La musique de *Pirates des Caraïbes* imprime sa mélodie épique dans mes oreilles. Je me poste à l'arrière de la mêlée. « GO ! » clignote rapidement, puis l'action commence.

Je récupère le ballon entre les jambes du troisième ligne, lève la tête vers les joueurs adverses et découvre… Mathis ! Les rugbymen de l'équipe rouge portent le visage de la terreur du collège.

— J'ai pris une photo de Mathis avec mon téléphone, explique Elliott. Puis j'ai collé sa tête sur les persos en mode expert.

Devant la horde de Mathis qui se rue sur moi, je reste figé. Pétrifié. J'ôte le casque de réalité virtuelle.

— Je joue face à quinze Mathis ?

— C'est la meilleure des préparations, répond Elliott en regardant son écran. Tu viens de te faire plaquer. Game over…

— Je demande une revanche !

Je remets le casque en place. J'inspire profondément. Je tiens les contrôleurs fermement dans les mains.

« GET READY ! GO ! »

J'attrape le ballon à l'arrière de la mêlée et entame un sprint sur le côté gauche du terrain. Un colosse à tête de Mathis se jette sur moi, mais je fais un crochet, l'évitant de justesse.

— Appelle-moi Capitaine Crochet ! lâché-je comme si j'étais face à un être vivant.

Je poursuis ma course droit devant, mais deux adversaires se ruent dans ma direction. Vite, passer le ballon. Je tourne la tête derrière moi. Pas un seul coéquipier en renfort. Pour éviter le duo rouge qui s'approche dangereusement, je bifurque vers la ligne de touche. Je parviens à distancer un Mathis, mais le deuxième est trop rapide. Collision imminente. Pas le choix, je vais devoir passer en force avec un raffut.

Au moment où j'atteins le bord du terrain, je crochète vers l'intérieur en tendant mon bras vers Mathis. Il est en pleine course. Entre sa vitesse de pointe et son gabarit plus costaud, je n'ai aucune chance. Il me tamponne méchamment, m'envoyant dans le couloir de touche… qui n'existe pas. Je tombe du terrain comme d'une falaise. Je suis happé par le vide.

— Aïe ! crié-je en me réceptionnant sur les fesses.

— Je devrais peut-être te fabriquer un slip rembourré avec du polystyrène pour les entraînements virtuels.

« Game over » apparaît devant mes yeux, puis le visage de Mathis en gros plan. Il se gausse d'un rire bien gras. HA HA HA…

J'ôte le casque.

— Échec total, déploré-je.

— Tu n'as pas analysé le positionnement des joueurs avant de récupérer le ballon. Les rouges étaient en infériorité numérique sur le côté droit. Tu es parti sur le côté gauche, là où tu avais peu de coéquipiers. Tu as choisi le côté du terrain où l'adversaire était en surnombre ! Ça ne pardonnera pas, en conditions réelles.

En conditions réelles, ça sera aussi plus douloureux…

Dimanche matin, on a réuni l'équipe dans un champ de ruines : murets en pierre, puits condamné, arches tronquées, colonnes éparpillées. Il s'agit des vestiges d'un vaste château, dans un parc verdoyant, en bordure de la ville. L'endroit est désert. Face au groupe, je me force à prendre la parole.

— Hier, la séance de fitness a été écourtée. Ça a été l'occasion de vérifier la rapidité de chacun. Certains ont vite décampé…

Je me tourne vers les Bannis. Ils baissent la tête.

— La bonne nouvelle, c'est que j'ai découvert pourquoi le club prépare une équipe de quinze joueurs.

J'ai capté l'attention de tout le monde. On n'entend plus qu'une légère brise souffler sur les ruines.

— La All Blacks Academy va organiser un tournoi de rugby à XV. Les meilleurs joueurs seront invités en Nouvelle-Zélande !

Les regards s'illuminent. Celui de Jade plus que les autres. Puis son visage s'assombrit. Elle a réalisé que l'offre de la All Blacks Academy était destinée aux rugbymen, pas aux rugbywomen. Elle serre la mâchoire.

— Avant de rêver à la Nouvelle-Zélande, il faut faire nos preuves sur le terrain. C'est là qu'Elliott entre en jeu.

— J'ai mis au point un programme d'entraînement complet, dit-il en prenant le relais. Aujourd'hui, je vous propose une épreuve pour travailler votre technique d'évitement et vos réflexes.

Il s'agenouille devant son sac à dos. Il en sort une longue corde.

— Cent mètres de long ! se félicite-t-il. Pour un sprint de cent mètres.

On se regarde tous les quinze avec un air interrogateur. Les rugbymen recalés par le club n'ont jamais connu tel exercice à l'entraînement. Ceux qui pratiquaient un autre sport – athlétisme, football, sumo – se demandent bien ce qui les attend. Seul Elliott sait ce qui va se passer.

Il fixe une extrémité de la corde au sol à l'aide d'une sardine.

— On va faire serpenter la corde au milieu des ruines. On changera de circuit à chaque fois pour préserver l'effet de surprise. Jade, tu veux bien déployer la corde sur toute sa longueur ?

Elle s'exécute, disparaissant derrière un mur de pierre. Je l'imagine déposer la corde en zigzaguant entre les vestiges. Quand, elle reparaît, elle adresse un signe de tête à Elliott. Il continue son explication.

— L'un d'entre vous va courir d'un bout à l'autre de la corde. Les autres seront cachés parmi les ruines.

Je commence à comprendre ce qu'il a en tête.

— Exercice d'évitement de plaquage ! annonce-t-il. Le coureur devra parcourir le circuit en esquivant les joueurs qui lui sauteront dessus par surprise. Il va falloir être vif, véloce et costaud sur ses appuis. Lucas, tu commences.

Il nous donne coudières, genouillères et bonnets de protection. On s'équipe. Mes quatorze équipiers vont se cacher derrière les ruines, tandis qu'Elliott se perche sur une nef qui fera office de poste d'observation.

— Plaqueurs embusqués. Prêts ? lance-t-il à l'aide de son porte-voix.

— Prêt !!! répondent-ils à l'unisson.

— Prête !!! répond Jade. On ne peut plus prête !

J'ai l'impression qu'elle ne va pas me louper…

Elliott sort une machine de son sac à dos et la coince entre deux pierres. C'est… C'est une…

— Catapulte à ballon ! se réjouit-il, visiblement fier de sa création. Je l'ai bricolée hier soir. Je vais tirer un ballon en l'air pour simuler un coup d'envoi. Le cuir va faire une cloche et retomber sur toi. Dès que tu le rattrapes, le sprint commence.

J'ai la pression. Je me force à respirer posément.

Elliott glisse un ballon dans sa catapulte et tire, tire, tire dessus… Puis il le lâche.

Le cuir jaillit vers le ciel, puis amorce sa descente dans ma direction. Je déglutis. Je sautille sur mes appuis. Je tends les bras en l'air, ouvre mes mains pour accueillir l'ovale… et attrape fermement le ballon. Je m'élance.

Au détour d'une ruine, j'échappe de peu à Jade qui me saute dessus. Je poursuis ma course. Les plaqueurs fusent autour de moi. Je crochète, je virevolte, j'accélère et décélère. Je les évite l'un après l'autre. Un, deux, trois, quatre… Je les compte. Plus que dix.

Je suis la corde sans savoir où elle me mène, cuir calé sous le bras. À chaque appui, je dois anticiper l'apparition d'un plaqueur caché derrière un muret, un puits, une auge, une colonne. Il faut faire preuve d'explosivité. Sept, huit, neuf…

Je slalome comme un roi. J'entends les cris de déception des plaqueurs qui manquent leur cible : moi. J'entends aussi « *kuso !* », ce qui doit vouloir dire « zut ! » en japonais (ou quelque chose d'un peu plus vulgaire).

La ligne d'arrivée n'est plus très loin. Les plaqueurs me frôlent tout au plus. Je les esquive comme un vrai demi de mêlée. Douze, treize et… quatorze ! J'aperçois le bout de la corde.

J'ai réussi ! J'ai…

— GROS TAMPON[1] ! lance Elliott tandis qu'on me percute.

Je tombe par terre. Les protections conçues par le coach remplissent moyennement leur mission.

— Aïe ! dis-je, allongé sur le dos. J'avais compté quatorze plaquages…

Un visage se penche au-dessus de moi. Jade.

— Je me suis postée au début du parcours, et aussi à la fin, se réjouit-elle. Quand on aime, on ne compte pas.

1. Un tampon est gros impact entre un défenseur et un attaquant. On dit aussi « cartouche », « caramel » ou « arrêt-buffet ».

Un deuxième visage apparaît. Elliott.

— Encore une fois, tu n'as pas utilisé tes yeux, analyse-t-il. Au lieu de compter les plaqueurs, tu aurais dû observer les forces en présence.

Colin m'aide à me relever.

— Bravo, demi de mêlée, s'exclame-t-il. Encore cinq petits mètres et tu aurais atteint le bout de la corde.

— À mon tour ! dit Jade.

Je rassemble la corde, puis la déroule au milieu des ruines en dessinant un nouveau circuit. On répète l'exercice pendant deux heures. Toute l'équipe passe. Les jumeaux Otakus ne s'embêtent pas à esquiver les plaqueurs. Ils vont au contact, les repoussant avec de gros raffuts.

À la fin, tandis que je me désaltère, Elliott vient me trouver.

— Tu as des progrès à faire, dit-il.

— J'ai évité tous les plaquages sur mes deux derniers passages.

— Je ne parle pas de progrès dans ta technique d'évitement, mais dans ton état d'esprit. Quand Colin est venu te féliciter, tu ne l'as pas remercié. Quand Wassim a fait un perfect sur sa troisième tentative, non plus. Où est ton esprit d'équipe ?

— Je suis un peu introverti, tu le sais bien, ronchonné-je.

— Tu es le capitaine, tu dois apprendre à t'ouvrir.

Je pousse un soupir. Encore une fois, il a raison.

— Je sais… La convivialité, c'est important dans le rugby. Je vais faire un effort.

— C'est ton coach qui te le demande ! lâche-t-il sur un ton militaire.

— Permission de vous faire un cadeau ? dis-je en sortant un étui de mon sac à dos. Tu as de la place, dans ta petite poche ?

— De la place pour quoi ?

Je lui tends l'étui. Il s'en saisit et l'ouvre.

— Un sifflet ! s'exclame-t-il. Un sifflet d'entraîneur !

— Comme ça, tu pourras siffler les fautes de Jade. Les dépassements de son quota de plaquages, par exemple.

— Ce n'était pas une faute, mais de l'ingéniosité, précise-t-il.

Ingéniosité ou pas, ce n'était pas très fair-play. À mon très humble avis. Il faudra montrer un autre visage aux recruteurs de la All Blacks Academy.

CHAPITRE 7

Rendez-vous est pris !

Lundi matin, on retrouve M. Benazzi en cours d'anglais.

— Hello everyone ! lance-t-il.

— Hello Mister Benazzi ! répond la classe.

— Ce week-end, j'ai téléphoné en Nouvelle-Zélande. Malheureusement, je ne peux pas vous révéler la raison de mon appel.

La raison, c'est l'organisation du tournoi de la All Blacks Academy. Je suis, en secret, dans le secret. Toute mon équipe est, en secret, dans le secret.

— Est-ce que vous avez déjà entendu parler de Wellington ?

La classe reste silencieuse. Je lève la main, timidement.

— Lucas, qu'est-ce que tu peux nous dire ? dit-il en me désignant.

— Euh… Wellington est la capitale de la Nouvelle-Zélande. Le bâtiment du Parlement est surnommé *Beehive* à cause de son architecture en forme de…

— Ruche ! *Beehive*, ça signifie « ruche », explique M. Benazzi en s'adressant à la classe.

— Dans le centre-ville, il y a un téléphérique rouge, le *Cable car*…

— Une voiture tirée par des câbles !

— Et le club de rugby de la ville s'appelle les *Hurricanes*…

— En français, les « ouragans » !

M. Benazzi m'a donné la parole, mais il n'arrête pas de m'interrompre.

— Les studios de cinéma qui ont réalisé *Le Seigneur des anneaux*, *Le Hobbit*, *Tintin* et *Mortal Engines* se trouvent là-bas. Ce sont les studios Weta.

Mon professeur ouvre la bouche… puis la referme. Je lui ai cloué le bec. « Weta », ce n'est pas de l'anglais, mais du māori.

— Un weta, c'est une sorte de sauterelle géante de Nouvelle-Zélande, expliqué-je. Certains wetas sont plus grands qu'une main d'adulte.

Un concert de *Beurk !* retentit dans la salle.

— Je voulais faire un petit cours sur la Nouvelle-Zélande, mais je vois que Lucas est incollable, dit M. Benazzi. Comment ça se fait ?

Je prends conscience que tous les élèves ont tourné la tête vers moi. Ils attendent ma réponse. Tout à coup, je suis incapable d'articuler un mot.

— Cet été, il est parti en vacances là-bas, dit Jade, venant à ma rescousse. Notre grand-mère est kiwi[1]. Elle habite à Wellington.

— Ça alors ! s'exclame notre professeur. Vous avez des origines néo-zélandaises ! Je crois que vos camarades seront d'accord si je vous demande, à tous les deux, de nous préparer un exposé sur ce pays.

Et voilà. J'aurais bien fait de fermer ma grande bouche. C'est Jade qui va être contente !

Je passe la récréation avec Elliott, assis dans un coin de la cour. J'établis le plan de mon exposé, il pianote sur son smartphone.

— Comment tu vas intituler la présentation ? demande-t-il.

— « Aotearoa » !

— Pardon ?

— « Aotearoa », le nom māori de la Nouvelle-Zélande. Ça veut dire « le pays du long nuage blanc ».

— Si tu veux, je t'aide à écrire ton exposé sur le pays du long nuage blanc, s'emballe-t-il. Je peux faire des recherches à propos de la géographie, de l'histoire, des spécialités néo-zélandaises…

Il consulte son écran en fronçant les sourcils.

— Je retire ce que j'ai dit, pas le temps de t'aider, grogne-t-il. Il y a un petit rigolo qui s'est connecté sur mon blog.

1. « Kiwi », c'est le surnom des Néo-Zélandais.

Il se remet à pianoter sur son téléphone.

Elliott m'a dit qu'il rêvait de devenir journaliste. En attendant, il écrit des articles détaillés sur les sujets qu'il maîtrise. Il en maîtrise beaucoup, dans des domaines tous plus variés les uns que les autres : la PlayStation 1, la géologie du puy de Dôme, ou encore Lucien Petit-Breton (un cycliste qui a gagné le Tour de France en 1908 avec une vitesse moyenne de 28,740 km/h).

C'est un passe-temps comme un autre. Il a mis ses articles en écriture collective : n'importe quel internaute peut corriger une information erronée (même si ce n'est pas dans le genre d'Elliott de se tromper). Parfois, un farceur rectifie un article en y glissant des erreurs, ce qui le met dans une colère monstre.

— Lucien Petit-Breton n'a pas couru le Tour à 287,40 km/h ! s'emporte-t-il. Ni lui ni personne. C'est du cyclisme, pas de la Formule 1 !

Je le laisse corriger son blog.

— J'hallucine, s'écrie-t-il. C'est l'attaque des idiots, aujourd'hui ! Y en a un autre qui a écrit que le sol du puy de Dôme est constitué de slime à 70 % et de cacao à 40 %. Et en plus il ne sait même pas compter. Ça fait 110 % !

— Tu me couperais presque l'appétit avec ton slime chocolaté, dis-je en sortant une barre muesli de mon sac à dos. T'en veux la moitié ?

— Merci, je vais la prendre en entier, lance Mathis en m'arrachant la barre des mains. J'ai la dalle !

Je ne l'avais pas vu venir. Il est accompagné de ses deux amis à la carrure de première ligne. Deux armoires à glace alors qu'on n'est qu'en sixième. Qu'est-ce que ça va donner au lycée ?! Mathis mord dans la barre. Je sens la colère monter en moi.

— Alors comme ça, t'es d'origine néo-zélandaise ? demande-t-il. C'est pour ça que tu joues au rugby au milieu des ruines avec ta bande de losers ?

On est repérés. Impossible de s'entraîner en cachette dans cette ville !

Elliott se met à fouiller dans sa petite poche.

— Une demi-portion vaguement All Black, ça ne fait pas un bon rugbyman, ironise Mathis.

— Il n'y a pas que le physique dans le rugby ! Il faut aussi se servir de son cerveau. Tu l'as paumé quelque part, le tien ?

Mathis m'attrape par le cou. Aidé de ses deux molosses, il me redresse sur mes jambes. Il approche son visage du mien.

— Je croyais t'avoir demandé de t'écraser devant moi, dit-il.

Il est si proche que je sens son haleine à la barre de muesli. Les petites brutes, on les imagine avec une bonne poigne, une cicatrice sur l'arcade sourcilière ou une dent cassée. Jamais avec une haleine au muesli. Je trouve ça étrangement comique. En plus, il a une graine coincée entre les incisives. J'éclate de rire, incapable de me contrôler. Mais vu que Mathis me compresse le cou, ça ressemble moins à des éclats de rire qu'à des gargarismes comme quand on se lave les dents.

Mathis rougit de colère. Ça va dégénérer.

Tut tut tut tuuuuut tuuuuut tuuuuut tut tut tut !

Elliott vient de sortir son sifflet de la petite poche. Expert en code Morse, il a sifflé « SOS ». Les renforts ne tardent pas à affluer…

Les Bannis arrivent en premier, forcément. Simon est sur place une demi-seconde avant Djibril. Les Recalés accourent ensemble. Colin se poste juste derrière Mathis – le souffre-douleur se rebelle contre son tyran – en compagnie de Wassim. Moins rapides, les jumeaux Otakus déboulent en dernier.

— Vous essayez de m'intimider ? s'amuse Mathis. C'est touchant.

— On veut juste s'assurer que tu relâches gentiment Lucas, dit Colin, qui semble avoir du mal à se maîtriser.

— En eff*r*et, j'*r*aimerais b*r*ien que t*r*u ôtes tes s*r*ales pattes d*r*e moi, confirmé-je, gêné par la main qui m'enserre le cou.

— Sinon quoi ? dit Mathis avec un sourire en coin.

— *Hadouken !* tonne un jumeau, visiblement fan de *Street Fighter*.

— *Kamehameha !* ajoute l'autre, empruntant une référence à *Dragon Ball*.

Le message est on ne peut plus clair : les jumeaux sont prêts à se battre. Je peux compter sur l'équipe.

— Si vous tenez tant à vous mesurer à moi, pourquoi ne pas le faire sur un terrain de rugby ? suggère Mathis. Je vous propose un match… « amical ».

Il faut le reconnaître : même à trois contre quinze, il n'a pas froid aux yeux.

— On n'y tient pas, dit Elliott. C'est toi qui viens nous chercher.

— Mais puisque tu viens nous chercher, lance Jade en arrivant parmi nous, on va répondre oui à ton invitation. Match dans deux semaines. Quinze contre quinze.

Mes coéquipiers en perdent presque leur mâchoire inférieure. On n'avait pas prévu de jouer si tôt. Elle s'approche de Mathis, l'air menaçant.

— En attendant, lâche mon cousin.

— Lâche mon demi de mêlée, ajoute Colin.

— NOTRE demi de mêlée, dit le reste de l'équipe.

Conscient que la situation ne peut pas tourner à son avantage, Mathis bat en retraite.

— Profitez des deux semaines qu'il vous reste à vivre, dit-il, l'air narquois. Face à mon équipe, ça sera plus compliqué que de courir un sprint le long d'une corde…

Il s'éloigne avec ses amis. Jade se tourne vers moi.

— On a deux semaines pour remonter notre niveau. Il nous faut un programme costaud pour ce week-end.

— Séance de musculation samedi matin, visionnage de vidéos de rugby l'après-midi, entraînement sur le parking dimanche matin, match d'entraînement l'après-midi, proposé-je en me tournant vers Elliott.

Il hoche la tête.

— Alors, à samedi, conclut Jade en s'éloignant.

— On a une chance contre Mathis ? demande Wassim.

— Bien sûr, dis-je. On va se servir de notre colère comme d'un moteur.

Mathis nous observe depuis l'autre bout de la cour. Il affiche son indéboulonnable sourire en coin. Elliott soutient son regard et marmonne entre ses dents :

— J'ai encore plus envie de l'écraser que le gros malin qui m'a changé les statistiques de Lucien Petit-Breton !!!

Je pense au match toute la journée. J'ai déjà la pression.

Le soir, j'accompagne mes parents dans leur camion à pizzas. Ils s'installent sur la place du marché d'un village voisin. Je leur révèle que j'ai monté une équipe, qu'on s'entraîne les samedis et dimanches matin, qu'on joue un match important le lendemain. Ils sont tellement enthousiastes qu'ils ne relèvent même pas que je leur mens depuis des semaines, prétextant des footings matinaux pour m'éclipser de bonne heure.

Une foule se presse autour du camion. Rapidement, tout ce que mes parents sont capables de dire est « une petite margarita ! », « deux grandes campagnardes et une calzone ! », « une bambino pour le fiston ? » et autres commandes à la chaîne. Ils sont dans le rush, alors le dialogue devient impossible. Je m'isole pour écrire un email à Iriaka.

Kia ora mamie,

J'ai besoin de toi !
J'ai monté une équipe de rugby avec Jade et des amis du collège.
Notre premier match est pour dans deux semaines. Je ne suis pas sûr qu'on soit à la hauteur...
Je joue demi de mêlée. Tu aurais des conseils à me donner pour que je progresse ? Une recette secrète de All Black ?
Est-ce que tu peux m'appeler ? J'ai besoin d'une réponse rapide.

Ton petit-fils unique préféré,
Lucas

P.S. : J'ai peut-être trouvé le moyen de passer six mois en Nouvelle-Zélande ! Six mois dans une école de rugby près de toi...
Je ne peux pas t'en dire plus pour le moment,
mais je croise les doigts !

CHAPITRE 8

Esprit d'équipe...

Vendredi matin, en cours d'anglais, je passe devant la classe pour faire mon exposé sur la Nouvelle-Zélande. Je suis terrorisé. Heureusement, malgré quelques bégaiements, je m'en sors plutôt bien. Je fais tout pour paraître sûr de moi, refusant de me montrer faible face à Mathis.

Je retrace l'histoire du pays : les terres seulement peuplées d'animaux sauvages, puis conquises par les Māoris venus de Polynésie, puis colonisées par les Britanniques.

Quand je rejoins ma place, je suis vidé. C'est au tour de Jade. Elle a choisi de parler des grandes figures néo-zélandaises : Potatau Te Wherowhero (le premier roi māori), Sir Edmund Hillary (le premier homme à escalader l'Everest avec son sherpa népalais) et le All Black Richie McCaw (le premier capitaine d'une équipe de rugby à gagner deux coupes du monde).

Elle parle aussi des grandes dames de l'histoire. J'apprends que la Nouvelle-Zélande a été le premier pays au monde à donner le droit de vote aux femmes, que les auteurs néo-zélandais les plus respectés sont des femmes, que la première réalisatrice de film à recevoir la Palme d'or du festival de Cannes est néo-zélandaise.

Elliott n'en perd pas une miette. Il prend frénétiquement des notes. Je ne serais pas surpris si, dans les prochains jours, il rédigeait des articles sur Kate Sheppard, Katherine Mansfield et Jane Campion[1].

Quand Jade a terminé son exposé, elle retourne s'asseoir à côté de moi.

— Bravo ! lui chuchoté-je. Je ne savais pas que tu étais aussi calée sur la Nouvelle-Zélande.

— Je te rappelle qu'on a la même grand-mère. Désolée si tu pensais être son chouchou, mais elle m'écrit aussi. Elle me raconte plein de choses.

Elliott se penche vers nous.

— Jade, j'ai adoré ta présentation, lui murmure-t-il. Tu aurais aussi pu parler de Harry Watson, le premier Néo-Zélandais à courir le Tour de France, en 1928, vingt ans après la victoire de Lucien Petit-Breton.

Quel geek ! Il ajoute :

— Lucas, il faut qu'on parle.

Pendant la récréation, Elliott me sermonne. Il m'en veut de ne pas avoir préparé l'exposé en binôme avec Jade.

1. Une féministe, une auteure et une réalisatrice néo-zélandaises.

— Tu as manqué une occasion de tisser du lien avec un membre de l'équipe ! explique-t-il.

— Je ne crois pas que Jade veuille tisser du lien avec son « idiot de cousin ».

— Alors tu dois l'y obliger, même si elle rechigne ! Construire une équipe de rugby, ça passe par une bonne camaraderie. Tu as des progrès à faire sur ce plan...

Je passe en mode ronchon.

— Je fais des progrès, mais à mon rythme.

— Il va falloir accélérer. C'est très lent.

— Aussi lent que Lucien Petit-Breton ?

— Qu'est-ce que tu entends par là ?

— Selon ton blog, que j'ai consulté ce matin, il a couru le Tour de France à 2,8 km/h.

Elliott enrage. Il attrape son smartphone pour corriger l'article. Jolie manœuvre pour changer de sujet en toute subtilité.

Samedi matin, après notre séance de musculation clandestine, je reçois un coup de téléphone de l'autre bout de la Terre. C'est Iriaka.

— Bonjour, mamie.

— Dis plutôt « bonsoir ». Il fait déjà nuit, ici.

— Ah oui, le décalage horaire...

— J'ai reçu ta lettre, dit-elle. Félicitations pour ton équipe de rugby !

— Les coéquipiers sont super. Le coach et moi, on est devenus inséparables !

— Donc, tu veux des conseils pour progresser ?

— Oui. Si tu connais la méthode secrète des All Blacks, ça m'intéresse.

— Je connais leur méthode, mais ce n'est pas un secret. Il faut travailler, encore et encore. Tu as entendu parler de Dan Carter ?

— C'est le meilleur demi d'ouverture de l'histoire des All Blacks, dis-je. Il a gagné deux coupes du monde.

— Est-ce que tu as vu la vidéo « Dan Carter at home » sur Youtube ? Celle où il retourne dans la maison de son enfance ?

— Non, je ne l'ai pas vue.

— Quand Dan avait huit ans, son père a installé des poteaux de rugby dans le jardin. Dan pouvait s'exercer à tirer entre les poteaux, chez lui, en plus des entraînements. Plus il grandissait, plus il tirait les pénalités de loin. Dans la vidéo, on le voit tirer une pénalité à l'extérieur du jardin, depuis la rue, à soixante mètres des poteaux !

— Ce que tu es en train de dire, c'est que je dois m'entraîner en solo en plus des entraînements en équipe ? Comme Dan Carter dans son jardin ?

— Si le rugby est ta passion, il faut que tu t'y donnes entièrement. Voilà ce que je dis.

J'adore jouer au rugby, je veux décrocher ma sélection pour l'académie, je rêve de jouer comme un All Black… Pas de doute, c'est ma passion !

Après avoir raccroché, je regarde la vidéo de Dan Carter. À la fin du clip, son père lui dit : « *Practice makes perfect* », une expression qui signifie « C'est en forgeant qu'on devient forgeron ». Grâce à Dan Carter et à ma grand-mère, je sais comment me perfectionner…

C'est en jouant au rugby qu'on devient rugbyman !

Le reste du week-end est chargé. Samedi après-midi, l'équipe se retrouve dans l'atelier d'Elliott. Les rideaux sont tirés pour plonger la pièce dans le noir. Au programme : séance vidéo.

Elliott connecte son ordinateur à un projecteur, puis installe un grand tableau blanc sur lequel il diffuse des images de matchs. On est comme dans une salle de cinéma, sauf qu'on ne regarde pas un film. On travaille, studieusement.

Elliott nous familiarise à différentes tactiques et stratégies. Il passe des actions au ralenti, utilisant un feutre pour souligner la course d'un ailier, signaler le placement judicieux d'un demi de mêlée, entourer un pilier qui apporte le surnombre. Parfois, le tableau blanc est recouvert par tellement de flèches, croix et cercles qu'on ne voit presque plus la vidéo.

On sort de l'atelier comme d'un cours de maths : avec la tête farcie.

Dimanche matin, on se réunit chez Colin. Officiellement, on vient donner un coup de main à son père en déposant un vieux quad à la casse. En réalité, on développe notre puissance en tirant un poids extra lourd. On organise des sprints de cent mètres qu'Elliott chronomètre. Chacun passe à tour de rôle. On est reliés au quad grâce à un système de cordes conçu par notre coach. La charge varie selon le physique du joueur. Un costaud doit tirer le véhicule lesté d'un Otaku. Moi, je dois seulement tracter le quad à vide. Ça ne m'empêche pas d'avancer au ralenti. Ensuite, on passe par petits groupes. Quand nos première ligne s'y collent, on constate avec plaisir qu'ils sont parfaits pour la mêlée. Les jumeaux et Jade sont tellement forts qu'à eux trois ils remorquent le quad avec sept joueurs dessus.

J'aperçois Mathis et sa bande qui passent au loin à vélo. Ils s'arrêtent, curieux. Ils doivent halluciner en voyant nos trois avants courir cent mètres à bonne allure, tractant un quad où s'entasse la moitié de l'équipe, avec moi qui les encourage, perché sur le guidon, utilisant un porte-voix comme le barreur à une compète d'aviron !

L'après-midi, on organise une confrontation à sept contre sept sur un terrain de foot municipal. Notre tout premier match de rugby ! Je suis surexcité. Les Recalés aussi. Les autres, pareil.

Je suis capitaine de mon équipe – surnommée « les Ouragans ». Jade est capitaine de la sienne – « les Fougères noires ». Colin est le remplaçant de luxe des deux équipes. On va s'affronter sur une moitié de terrain pendant deux mi-temps de vingt minutes, sous l'œil attentif de notre arbitre et coach, Elliott.

Il déploie son drone, le fait décoller, puis le positionne à vingt mètres au-dessus du terrain. Il va filmer notre confrontation pour qu'on l'analyse en vidéo après le match.

Le coup d'envoi est donné avec une mêlée introduction équipe adverse.

— Flexion ! Liez ! Jeu ! ordonne Elliott.

La mêlée commence ! Trois contre trois. Notre bloc pousse de toutes ses forces, mais il y a du répondant en face. Le ballon arrive dans les pieds de Jade, en première ligne. Elle le talonne derrière elle. Wassim est à l'arrière du pack des Fougères noires. Dès qu'il aura récupéré le ballon, je pourrai me précipiter sur lui pour le stopper. Mais il ne récupère pas le ballon…

Les Fougères noires poussent plus fort que nous. Elles grignotent du terrain, alors Wassim n'a pas besoin d'engager une action. Il nous regarde tranquillement reculer.

— Allez ! On ne lâche rien ! encouragé-je. On repousse leur bloc !

— T'as de l'espoir ! lance Jade depuis la mêlée.

— Ça tourne, prévient Elliott.

Le pack adverse est puissant, mais il fait tourner la mêlée, ce qui est interdit. Il faut pousser bien droit. Elliott ne va pas tarder à siffler une faute à notre avantage…

Mais Wassim attrape le ballon avant qu'il n'y ait faute. Il part sur le côté gauche.

— Ça joue ! crié-je à mes équipiers pour qu'ils sortent de la mêlée.

Ils se relèvent trop tard pour bloquer Wassim. Heureusement, je suis sur son chemin. Je le plaque en le ceinturant. Une fois qu'il est au sol, il glisse le ballon entre ses jambes, derrière lui. Jade est arrivée en renfort. Elle prend le ballon et part au contact… avec moi. Elle me tamponne, me bouge comme si je ne pesais pas plus qu'un quad en plastique pour enfant.

Je pars à la renverse, incapable d'arrêter ma cousine qui s'élance vers la zone d'en-but. Djibril la rattrape. Il s'apprête à la stopper, mais elle a déjà passé le ballon à Simon, venu en soutien dans son dos. Le Banni cale le cuir sous son bras et sprinte sans se retourner.

Je suis de nouveau sur mes jambes. Je cours vers Simon. Toute mon équipe court vers lui. On est comme un troupeau de chevaux sauvages qui galopent, faisant trembler le sol. Quelle sensation de liberté et de puissance incomparable ! Simon atteint la ligne de but et se jette au sol pour écraser le ballon.

« *Tuuuuuuuut !* » Elliott valide l'essai en faisant retentir son sifflet.

Ouragans et Fougères noires sont essoufflés, mais les visages sont souriants. L'action était magnifique, le match démarre en fanfare !

À l'issue de la première mi-temps, les Fougères mènent 10 à 5. Djibril a marqué un essai pour nous, ce qui lui a permis d'égaler la performance de Simon.

On s'hydrate. On se tape sur l'épaule. Je rassemble mon équipe autour de moi pour la causerie ; Jade en fait autant.

— Il nous reste vingt minutes pour rattraper notre retard ! lancé-je.

— La verte pelouse, un ouragan qui s'abat, des éclats de voix ! répond un des jumeaux Otakus.

Il s'agit d'un mot d'encouragement en forme de haïku, ces courts poèmes japonais. Enfin, je crois… J'ai un peu de mal à comprendre notre duo d'Otakus. Je rebondis comme je peux :

— Ouragans, est-ce qu'on va gagner ?

— Oui !!! s'écrie l'équipe.

Nous voilà remontés à bloc ! La deuxième mi-temps commence.

On bataille dur, et les Fougères noires aussi. Les deux équipes se neutralisent.

En phase d'attaque, Djibril part sur le côté fermé. Simon est sur son chemin. Plutôt que de passer la balle, notre Banni va au contact de son meilleur ennemi, provoquant un maul. Deux blocs se forment autour d'eux. Ça pousse fort ! Je me rapproche et vois Djibril qui faufile le ballon entre les corps de nos premières lignes. C'est l'occasion de surprendre l'adversaire.

— On pousse ! ordonné-je à voix haute.

Je fais croire aux Fougères noires qu'on va poursuivre le maul, mais au lieu de pousser, je me saisis du ballon et me précipite vers la zone d'en-but. Croyant que je me greffais au maul, Wassim est venu en renfort de son bloc, m'ouvrant un boulevard. Je fuse comme une flèche. N'ayant pas de quad à tracter, je suis aussi léger que le vent.

Je me retourne. Une meute de Fougères noires est lancée à mes trousses, mais je peux compter sur les Ouragans qui suivent le mouvement. Ils arrivent tous en soutien, ce qui me donne des ailes. Je mets toutes mes forces dans cette course. Je fonce tels Jonah Lomu et Ma'a Nonu, ces illustres All Blacks impossibles à stopper quand ils étaient lancés !

À deux mètres de la ligne de but, je saute comme dans une piscine, puis retombe sur l'herbe.

« *Tuuuuuuuuuuut !* » Essai validé ! Mon premier essai de l'année !

Mes coéquipiers me relèvent comme si j'étais un sac de plumes. On me félicite, on me tape dans les mains, on m'adresse des sourires immenses mêlés à des cris de victoire.

— La verte pelouse, un ouragan qui s'abat, des éclats de voix ! répète notre Otaku.

Il reste une minute à jouer. Le match nul nous tend les bras.

On se positionne au milieu du terrain pour une mêlée introduction Fougères noires. Si l'équipe de Jade veut marquer, elle va devoir faire vite.

Wassim récupère le ballon à l'arrière de son bloc et tape dedans de toutes ses forces… Il tire une longue chandelle[1] qui se dirige vers notre ligne de but ! Simon sprinte vers le point de chute du ballon pour le récupérer. S'il l'attrape, il n'aura qu'à faire quelques mètres pour marquer l'essai.

Wassim a sorti une frappe forte dont il a le secret. Le ballon monte haut dans le ciel. Toujours plus haut. Aussi haut que… le drone d'Elliott.

BAM !

Le drone se fait dégommer par le ballon et part en vrille vers le sol.

— MAY DAY ! crie Elliott en assistant, impuissant, au crash de son jouet.

La catastrophe est inévitable. Le drone s'écrase au milieu du terrain. Les deux équipes sont à l'arrêt.

Elliott siffle la fin du match tandis que Wassim s'agenouille devant l'épave en mille morceaux. Notre demi d'ouverture fond en larmes.

— Je suis désolé… sanglote-t-il. Vous m'aviez dit que le rugby était un sport pour moi… que je pouvais frapper haut et fort…

---

1. Une chandelle consiste à frapper le ballon haut et fort en direction de la zone d'en-but adverse. Le temps qu'il retombe, les joueurs se positionnent pour le rattraper et poursuivre l'action.

— T'inquiète, dit Elliott. Je vais réparer le drone. J'adore réparer.

Jade pose la main sur l'épaule de Wassim, mais ça ne l'apaise pas. Il sort du terrain en courant, le visage défait.

— Le… sport… c'est… fini… pour moi ! articule-t-il entre des sanglots.

— On a terminé pour aujourd'hui, dit Elliott, mettant fin à l'entraînement.

— Bravo tout le monde, commenté-je. On a tous bien joué.

On se tape dans les mains ; on se félicite.

— Un goûter chez nous, se nourrir et puis sourire, repos du guerrier, récite un Otaku.

— *Hai !* acquiesce son frère.

Encore un haïku. Je crois que les jumeaux invitent l'équipe à manger un casse-croûte chez eux.

— Merci pour l'invit' mais je vais rester m'entraîner encore un peu, dis-je. Comme Dan Carter, je reste concentré sur le rugby !

— Une autre fois, alors, répondent les Otakus à l'unisson.

Tout le monde se salue, et chacun part chez soi. Il ne reste rapidement plus qu'Elliott et moi. Je m'entraîne à capter des ballons aériens ; il passe la pelouse au peigne fin.

— J'ai trouvé ! s'écrie-t-il en mettant la main sur une hélice en plastique. Avec ça, je peux réparer mon drone.

Il part vers le banc de touche.

— Viens me voir après ! me lance-t-il. Il faut qu'on parle.

J'ai déjà entendu ça… Qu'est-ce que j'ai encore fait de travers ?

CHAPITRE 9

Premier test-match

À la demande d'Elliott, je m'assois sur le banc de touche. Il reste debout. Il se met à arpenter l'espace devant le banc, mains jointes derrière le dos, tête baissée, visage fermé, comme s'il était plongé dans une intense réflexion. Je le regarde faire sans comprendre ce qui se passe. Après cinq allers-retours de mon copain à lunettes, je décide d'entamer la conversation :

— C'est quoi, ton manège ?

— Je rends le moment solennel. J'ai découvert la technique des va-et-vient en silence dans un livre sur le coaching. Ce que je vais te dire, ça doit rentrer dans ta tête une bonne fois pour toutes.

— Tu vas déambuler encore longtemps avant de m'expliquer ce que j'ai fait de travers ?

— Je pensais encore faire cinq allers-retours, mais si j'ai capté ton attention, je peux commencer dès maintenant.

— Tu as toute mon attention.

Il s'éclaircit la voix, puis se penche vers moi pour me faire une confidence.

— L'éclaircissement de la voix, c'est pour temporiser, ça fait aussi partie de la technique, me chuchote-t-il avant de se redresser et de reprendre à voix haute : Tu as montré de belles qualités sur le terrain. Initiative, engagement, abnégation, créativité. J'ajoute que ta causerie à la mi-temps a remonté le moral des troupes. Bravo. Cependant, il te reste de gros progrès à faire si on veut avoir une chance de briller sur le terrain. (Il me prend à nouveau en aparté :) J'ai commencé en soulignant tes qualités. C'est une méthode de pédagogie positive. Maintenant, je vais te demander quel a été ton point faible. Je ne vais pas te dire ce que c'est. C'est plus constructif si ça vient de toi.

Je hoche la tête.

— Quel a été ton point faible ? lance-t-il, avant de m'adresser un clin d'œil.

— Euh… En première mi-temps, j'aurais peut-être dû…

— Je ne te parle pas de la première mi-temps, m'interrompt-il.

— J'ai aussi manqué de vivacité sur la phase défensive au début de la deuxième mi-temps…

— Il ne s'agit pas, non plus, de la deuxième mi-temps.

— Alors… pendant la pause… ma causerie manquait sûrement de fougue.

— Tu as tout faux, dit-il. Je veux parler de la troisième mi-temps[1].

— Mais on n'a pas fait de troisième mi-temps.

— JUSTEMENT ! Les Otakus ont gentiment proposé un goûter chez eux. Toi, tu as refusé. En tant que meneur, tu dois sauter sur chaque occasion de renforcer l'esprit d'équipe.

— Je voulais seulement rester sur le terrain pour m'entraîner une heure de plus !

— Erreur ! Grossière erreur ! Pareil quand tu as fait ta présentation sur la Nouvelle-Zélande en cours d'anglais. C'était l'opportunité de travailler en binôme avec ta cousine, mais chacun a préparé son exposé dans son coin ! Et en plus, tu as laissé partir Wassim !

Je ne réponds rien. Je me sens un peu bête. Surtout, je m'en veux de ne pas être plus sociable.

— Il faudra faire mieux la prochaine fois, reprend Elliott. Rentrons chez nous.

Il me donne une tape sur l'épaule, et on prend le chemin du retour.

— Sacré essai que tu nous as sorti, dit-il. Il faudra que je le mentionne dans ton article.

— Quoi ? Mon article ?

— Si tu deviens rugbyman professionnel, attends-toi à ce que les journaux parlent de toi.

1. En rugby, la troisième mi-temps correspond à l'après-match, pendant lequel les joueurs célèbrent la victoire (ou la défaite) en faisant la fête ensemble.

Je suis encore loin d'être pro, mais Elliott est aussi réactif qu'un journaliste professionnel. Il a déjà écrit un article sur moi.

Le soir, je reçois un email énigmatique d'Elliott intitulé « Tu peux encore rectifier le tir… ». Il ne contient rien d'autre qu'un lien. Je clique dessus. Il me renvoie à son blog… à l'article qu'il a écrit sur moi !

Lucas Elavo, une vie en ovalie

Lucas Elavo est un jeune rugbyman français aux origines néo-zélandaises. Demi de mêlée talentueux et passionné, il a monté sa propre équipe avec l'aide d'un brillant associé. Il n'a jamais atteint son plein potentiel à cause d'une grande timidité. Son parcours s'annoncerait plus prometteur s'il n'était pas aussi introverti.

Biographie :
- La rivalité avec Mathis
- L'épisode des lacets-cordelettes
- Palmarès : 1 match nul, 0 troisième mi-temps

L'article est encore une ébauche à laquelle le journaliste en herbe peut apporter des modifications. Il changera son contenu si je résous mes problèmes de timidité et de sociabilité. Encore faut-il trouver comment…

La semaine passe en moins de temps qu'il n'en faut à un All Black pour inscrire un essai de quatre-vingts mètres. Je trouve quand même quelques minutes pour convaincre Wassim de réintégrer l'équipe.

Vendredi soir, il y a de la tension dans l'air. D'une part, je suis à moins de vingt-quatre heures du match contre Mathis ; d'autre part, mes parents lancent une nouvelle pizza de leur création. Ils l'ont appelée « la Chouchoute », car ils la garnissent de leurs aliments favoris. Comme ma mère adore les moules et mon père les rillettes, la Chouchoute n'est ni plus ni moins qu'une pizza moules-rillettes. La recette est aussi saugrenue que mes parents, ce qui se traduit par un résultat catastrophique : personne ne commande une seule Chouchoute. À la fin de la soirée, mes parents sont dépités. Je croise les doigts pour que mon grand rendez-vous du lendemain ne se solde pas par un échec aussi cuisant.

Samedi matin, je prends un petit déjeuner de champion : c'est jour de match. La grande confrontation contre l'équipe de Mathis est programmée à 10 heures.

On a reporté la séance de musculation au dimanche matin pour ne pas arriver épuisés sur le terrain. À la place, on a prévu de se retrouver à 8 heures dans l'atelier d'Elliott pour une séance vidéo. Il a monté une compilation des images filmées par le drone. Ça va nous permettre de passer en revue nos erreurs tactiques et techniques pour ne pas les reproduire contre Mathis.

Quand j'entre dans l'atelier, je découvre une scène de grande pagaille. Colin s'est interposé entre les Bannis. Il les éloigne grâce à ses longs bras de phasme. Simon crie « les Étoiles filantes » tandis que Djibril réplique « les Flashs ». Les Otakus hurlent « les Samouraïs » tandis que Jade rugit « les Fougères noires » en pointant un doigt menaçant vers eux. Deux troisième ligne se tiennent par le col, prêts à faire voler les baffes. Wassim se morfond devant l'établi où se trouve le drone en morceaux, toujours pas réparé.

Elliott s'approche de moi.

— C'est la catastrophe ! s'écrie-t-il. Jade a décidé de baptiser l'équipe. Ça a mis le feu aux poudres. Tout le monde pense avoir un meilleur nom. Personnellement, je vote pour « Team Zizanie ».

— Je suppose qu'il est trop tard pour développer notre esprit d'équipe ?

— Il fallait le faire dimanche dernier en organisant une troisième mi-temps…

— Désunion totale un jour de match, déploré-je. Moi qui pensais qu'on s'entendait bien…

— On s'entendait bien quand on n'était pas sous pression. Là, on a un gros enjeu devant nous, alors tout le monde perd la boule.

— Réglons la situation en nous mettant d'accord sur un nom.

— Bonne chance, dit Elliott en sortant son sifflet.

« *Tuuuuuuuuuuut !* »

— Je vois que vous êtes prêts à en découdre. Vous vous trompez seulement d'adversaire… Mathis et sa bande ne nous feront pas de cadeau, alors on ferait mieux de se serrer les coudes.

— Tu as raison, lance Jade. Les Fougères noires doivent apprendre à se serrer les coudes.

— Les Samouraïs, tonnent les Otakus.

— Les Flashs…

Une petite étincelle, et c'est reparti ! Elliott rétablit le silence d'un coup de sifflet.

— Puisqu'on n'est pas capables de se mettre d'accord sur un nom, on va laisser le hasard choisir pour nous.

Je me tourne vers Elliott.

— Tu as un dictionnaire ?

— Plein.

— Un seul suffira.

Il part chercher un dictionnaire dans sa bibliothèque. Il revient avec deux ouvrages.

— Français ancien ou français moderne ? demande-t-il en me tendant les livres.

— Moderne. Wassim va être notre demi d'ouverture chargé de l'ouverture du dictionnaire. Le premier mot de la page sera notre nom.

— Page de gauche ? demande un Otaku.

— Ou page de droite ? demande son frère.

Je réponds du tac au tac :

— Page de gauche. Wassim, ferme les yeux et ouvre le dictionnaire.

Il s'exécute d'une main tremblante. Toute l'équipe se presse autour de nous. Le premier mot de la page de gauche est : *méduse*.

— T'as vraiment un truc avec les méduses, me dit Jade, avec un semblant de sourire aux lèvres.

La glace fond, c'est déjà ça !

— Le hasard a parlé. Aujourd'hui, on s'appellera… « les Méduses ».

Silence.

— Je ne suis pas sûr que ça impressionnera nos adversaires, commente Wassim.

— Allez, on se serre le tentacule pour faire la paix, dis-je.

Les joueurs se serrent la main, et on prend place pour la séance vidéo d'Elliott.

Peu avant 10 heures, on rejoint le terrain de rugby. Mathis s'échauffe avec son groupe. Il vient nous saluer.

— Je ne pensais pas que vous seriez là. Il est encore temps d'abandonner.

Elliott s'avance vers lui.

— Abandonner, ce n'est pas dans les gènes des Médu…

Je donne un petit coup de coude à Elliott avant qu'il ne révèle notre surnom idiot. Je change de sujet :

— Il faut se mettre d'accord sur la durée du match. On joue deux mi-temps de vingt minutes ?

— Ça sera largement suffisant pour vous mettre le tarif maison. Une différence de cinquante points.

— C'est ce qu'on va voir ! lance Colin en fronçant les sourcils.

— Et pour les règles ? continué-je.

— Puisque vous vous croyez invincibles, autorisons les plaquages jusqu'à la taille.

— Plaquage jusqu'à la taille. Quoi d'autre ?

— Tentative de transformation d'essai en version simplifiée.

— C'est-à-dire ?

— On pose le ballon dans l'axe des poteaux pour faciliter le travail du tireur.

C'est une bonne chose. Pour un tir de transformation, il faut poser le ballon sur la ligne où le ballon a été écrasé. Il est fortement conseillé d'écraser entre les poteaux, comme ça le tireur donne son coup de pied en face des poteaux. C'est deux points quasiment assurés. Si le ballon est écrasé près de la ligne de touche, alors le tireur doit positionner le ballon près de la ligne de touche. Un tir difficile car excentré…

— On a commencé à jouer comme ça au club – le club de rugby, pas votre club de losers qui s'entraîne dans un champ de ruines. (Il m'adresse un sourire carnassier et conclut :) Le carnage commence dans dix minutes. Je veux dire : « Le match commence dans dix minutes. »

On s'échauffe en suivant les instructions d'Elliott, puis on se rassemble en cercle. À moi d'éveiller un semblant d'esprit d'équipe.

— Ils se font encore la gueule, me chuchote Elliott. Sois convaincant.

— On est ici pour s'amuser, lancé-je au groupe. Pour s'amuser, il faudra donner le meilleur de nous. On est tous très différents, et c'est ça qui nous rend plus forts. Notre équipe est unique.

— C'est vrai qu'une équipe de rugby surnommée « les Méduses », c'est super unique, ironise Jade.

— Il n'est pas trop tard pour se renommer « les Flashs », dit Djibril.

— Ou « les Étoiles filantes », ajoute Simon.

— Désolé, mais j'ai été plus rapide, réplique Djibril. On part sur « les Flashs » ?

— Notre nom, ce n'est pas important ! martelé-je. Ce qui compte, c'est de mettre du cœur à l'ouvrage !

Je tends la main au centre du cercle. Mes coéquipiers en font autant.

— QUI VA GAGNER AUJOURD'HUI ? crié-je pour les motiver.

— LES FLASHÉTOILSAMOURAÏNOIRES ! répondent-ils dans un méli-mélo incompréhensible.

L'équipe de Mathis donne le coup d'envoi. Le ballon monte dans le ciel, puis retombe dans notre moitié de terrain. Colin s'élance dans les airs pour le rattraper, puis il me le donne d'une passe millimétrée. Je suis au milieu du terrain. Je me laisse un quart de seconde pour organiser notre attaque.

Me rappelant les conseils d'Elliott, j'observe les forces en présence. Les joueurs de Mathis sont parfaitement placés dans la largeur du terrain. Ils se ruent vers nous façon troupeau de mustangs. Sur les ailes, Djibril et Mathis n'attendent qu'une chose : sprinter. Les adversaires seront bientôt à leur hauteur, emportés par leur élan, ce qui pourrait permettre aux Bannis de leur échapper. Le temps que les ailiers de Mathis fassent demi-tour, les nôtres fuseront déjà en sens inverse.

Il faut exécuter la tactique avec un timing parfait. J'attends encore une petite seconde, puis fais une passe vissée à Wassim.

— Sur les ailes ! lui dis-je.

Wassim attrape le ballon, prend un peu d'élan, puis frappe dedans. Sa passe transversale se dirige droit vers Djibril. Vers Djibril, mais pas *dans* la course de Djibril.

Je me suis mal fait comprendre. Je voulais que Wassim tire dans la profondeur du terrain pour que Djibril sprinte avant de capter le ballon. Malheureusement, il l'a visé, l'obligeant à rester sur place pour récupérer le ballon. Sauf que l'ailier adverse est bientôt sur lui. Et il court vite !

Au moment où notre ailier capte le ballon, il se fait violemment plaquer au sol. Il relâche le cuir, qui atterrit dans les pieds d'un joueur adverse. Le joueur botte dedans, visant notre zone d'en-but.

Les Méduses sont prises de court ! On est à l'arrêt, tandis que Mathis et sa bande ont atteint leur vitesse de pointe. Ils nous dépassent, direction le cuir qui rebondit sur le terrain. Mathis se détache du groupe. On s'élance à sa poursuite.

Après une course de dix mètres, il faut se rendre à l'évidence : personne ne le rattrapera. Mathis fonce sur le ballon, l'attrape et l'écrase derrière la ligne de but. Première action, premier essai adverse. Gros coup dur.

Djibril se relève, un peu sonné. Il se tourne vers Wassim.

— Ça t'amuse de me transformer en cible fixe ? Il fallait tirer au large, dans la trajectoire de ma course !

— Désolé ! s'excuse Wassim. J'ai eu peur de tirer fort. Ça se termine toujours mal quand je tire fort.

— T'inquiète, intervient Simon. Rien ne dit que Djibril aurait marqué l'essai. Il n'est pas si rapide que ça.

— Mauvais esprit, lancent les Otakus à Simon. Ta remarque, mauvais esprit !

J'aperçois Mathis qui fête son essai en chambrant un peu trop Colin. Ça chauffe, entre ces deux-là. Jade s'approche en renfort. Oh non, ça va dégénérer, je le sens !

— J'abandonne ! lance Wassim. J'arrête définitivement le rugby !

Il quitte le terrain en trombe.

— Moi aussi, j'arrête, dit Simon. Je n'ai pas envie de jouer dans la même équipe qu'un veau comme Djibril !

— Répète un peu pour voir ! tonne Djibril en s'élançant vers Simon.

Simon tente de le distancer, Djibril accélère. Les Bannis disparaissent au galop.

— La victoire est à toi, Mathis, dit Jade en tirant Colin loin de son tourmenteur. Il n'y a plus d'équipe, donc le match est plié. De toute façon, ça commençait mal, avec un nom comme les Méduses.

Les Otakus se regardent.

— Déjeuner ? demande l'un.

— Sashimi ! répond l'autre.

Ils s'en vont au trot, impatients de déguster leurs spécialités japonaises.

Je suis démoralisé. Mon équipe n'aura pas duré un match.

— Alors, demi-portion ? jubile Mathis. Le rugby, on dirait que c'est bel et bien fini pour toi.

Intérieurement, j'enrage. J'ai envie de m'approcher de lui et d'ouvrir la boîte à gifles[1].

— Crois-moi, tu vas me recroiser sur un terrain.

— Avec plaisir. Envoie-moi une invitation.

— À la fin de l'année, t'es libre ? demandé-je.

---

1. Ouvrir la boîte à gifles, c'est donner des claques et des petits coups à l'adversaire. Ça permet de régler ses comptes avec lui sans donner un grand coup, qui serait synonyme d'expulsion.

— Je vais me libérer. Tu veux organiser un nouveau match « amical » avec ta bande de méduses ?

— Je vais t'affronter dans un tournoi !

Il ne répond rien. Il n'a pas encore entendu parler du tournoi.

— Pourquoi crois-tu que ton entraîneur vous fait jouer à quinze ? Avec plaquages et pénalités ? Il vous prépare pour une compétition qui aura lieu en décembre.

Il prend un air interrogateur. Un air un peu idiot. Un air de poulpe. La méduse lui tourne le dos, s'éloigne et lance :

— Rendez-vous au tournoi de la All Blacks Academy !

Le défi est lancé.

CHAPITRE 10

La camaraderie au sommet

Le samedi suivant, sans équipe et sans entraînement, je me morfonds chez Elliott. On est dans son atelier. Je suis avachi sur un canapé bricolé avec des palettes. Il pianote sur son ordinateur.

— Qu'est-ce que tu fais ? demandé-je.

— Je complète ton article sur mon blog.

— Tu racontes la matinée exaltante qu'on est en train de passer ?

— Je rédige un paragraphe sur l'échec du match contre Mathis. Je décris ta réaction le week-end suivant. Ton apathie mêlée de résignation.

— Le rêve s'est brisé, c'est le moment idéal pour être démoralisé.

— J'ajoute une phrase pour expliquer que tu manques à tes obligations de capitaine en t'avouant vaincu sans le moindre sursaut d'orgueil.

— Sans équipe, je peux dire au revoir au rugby et à la All Blacks Academy. Qu'est-ce que tu veux que je fasse ?

Il reprend l'écriture de l'article en lisant à voix haute ce qu'il tape sur son ordinateur :

— « D'ordinaire plein de ressource, Lucas Elavo ne comprend pas que, s'il a pu monter une équipe une fois, il peut le faire une seconde fois. »

— Monter une nouvelle équipe ? Le vivier de rugbymen de la ville est épuisé…

— « Visiblement devenu mou du bulbe, le jeune demi de mêlée pense à former un nouveau groupe plutôt qu'à réunir celui qui vient de se séparer », dit-il avant de s'adresser à moi : Est-il plus approprié de te décrire comme mou du bulbe ou simplement idiot ?

Je me lève du canapé.

— « Pourtant, Lucas Elavo est pourvu de deux mains lui permettant de frapper aux portes des joueurs pour rassembler les troupes. »

— C'est bon, j'ai compris le message ! lancé-je en me dirigeant vers la sortie.

— « Aiguillé par son fidèle ami et coach brillantissime, Lucas ne lui adresse pourtant pas le moindre remerciement. »

— Je vais rallier mes coéquipiers. Merci mille fois pour le conseil !

— « Il quitte l'atelier en témoignant sa reconnaissance à un jeune journaliste extrêmement prometteur. Il ferme la porte derrière lui, guidé par une énergie de vainqueur digne d'un All Black. »

Le porte-à-porte ne réjouit pas le timide invétéré que je suis. Mon cœur bat la chamade, me confirmant que les relations humaines ne sont pas ma spécialité.

Pour commencer en douceur, je vais d'abord voir mes gros. Les « gros », c'est le surnom qu'on donne aux avants. Il y a une relation très forte entre les demis de mêlée et les avants. Les avants savent que le numéro 9 saura distribuer le ballon qu'ils aident à conquérir ; le numéro 9 sait qu'il peut compter sur ses avants pour le protéger face à l'équipe adverse. J'espère que l'accueil de mes gros me facilitera la tâche.

Je frappe chez les Otakus. Lorsqu'ils ouvrent la porte, je les découvre côte à côte. Ils sont tellement maous costauds qu'ils prennent toute la largeur du couloir. Ils posent leur regard sur moi en plissant les yeux, ce qui leur donne un air asiatique.

— Salut, les jumeaux ! lancé-je sur mon ton le plus enjoué.

— *Konnichiwa*, me saluent-ils.

— Je veux reformer l'équipe. Est-ce que vous êtes partants ?

— Un manque de discipline dans l'équipe, répond l'un.

— Un manque d'esprit de corps, complète l'autre.

— Oui, on n'a pas montré notre plus beau visage dernièrement, mais je crois en nous. On est tous différents, ce qui ne nous empêche pas de nous amuser quand on joue au rugby ensemble. On doit renforcer notre…

— Unité !

— Exactement. Je peux compter sur vous, samedi prochain ?

— On sera présents pour l'entraînement, dit l'un.

— On donne une dernière chance à l'équipe, ajoute l'autre.

C'est évident : je n'ai plus droit à l'erreur.

Au fil de la matinée, je rallie tous mes joueurs un par un. Tous, sauf Jade. Je vais avoir du fil à retordre. Une nouvelle fois, je frappe chez elle en dernier.

— Qu'est-ce que tu veux ? lance-t-elle en ouvrant la porte.

— Je remonte les Médu… euh… les Fougères noires. Je remonte les Fougères noires.

— Ça sera sans moi.

— On n'a aucune chance sans notre talonneuse.

— Trouvez-vous un talonneur.

— C'est toi que je veux dans l'équipe, personne d'autre…

Ma cousine me dévisage comme si j'étais un moucheron.

— Écoute, Lucas. Toi et moi, on n'est pas faits pour être coéquipiers. Je te propose de nous voir lors des réunions de famille, et basta. En plus, la All Blacks Academy organise le tournoi pour recruter des joueurs, pas des *joueuses*. Je suis encore une fois mise de côté, et c'est pas juste.

— Tu es sûre que…

— Je suis sûre que je ne veux plus traîner avec toi ! m'interrompt-elle. Au revoir.

Elle me claque la porte au nez. Il faudra revenir pour lui sortir, cette fois, un argument imparable. Avec un peu de chance, cet argument existe…

Lundi, M. Benazzi nous fait un cours sur le rugby. Je n'ai jamais vu la classe aussi attentive. Mais on est en Auvergne, sur les terres du club de Clermont, donc ce n'est pas surprenant que le sujet passionne. On apprend du vocabulaire et quelques faits culturels. Elliott a réponse à tout, ce qui commence à agacer notre professeur d'anglais.

— Quelqu'un sait d'où vient le nom de ce sport ? demande M. Benazzi

— Le nom est issu de… commence Elliott.

— Quelqu'un d'autre qu'Elliott ? l'interrompt notre professeur, qui n'en finit plus de donner la parole à mon meilleur ami.

— Ça vient d'Angleterre, expliqué-je. Il y a une ville qui s'appelle Rugby. Selon la légende…

— Tout a commencé lors d'un match de football à l'école de Rugby, me coupe Mathis pour m'écraser devant la classe. Un élève a pris le ballon à la main pour courir avec, devenant le premier rugbyman de l'histoire. Il s'appelait William Webb Ellis…

— Le trophée de la coupe du monde de rugby porte son nom : la coupe Webb Ellis, lancé-je pour reprendre le dessus.

Pas question de me laisser dominer par Mathis. Notre duel a déjà commencé, hors du terrain, sans plaquage irrégulier, mais avec coupage de parole irrégulier !

Au retour de l'école, je découvre un nouveau courrier d'Iriaka dans la boîte aux lettres. J'ouvre l'enveloppe sans tarder.

Bonjour Lucas,

Comment vas-tu ? Comment va ta cousine ?
Hier, j'ai eu droit à un puissant tremblement de terre. Une spécialité néo-zélandaise ! Ça a duré vingt secondes, mais je n'ai pas eu peur. À mon âge, j'ai connu tellement de séismes que c'en est devenu aussi banal qu'une grosse averse !
Chez les Māori, la Terre est une entité vivante qui s'exprime dans les tremblements de terre, les éruptions volcaniques ou le changement des saisons. La Terre-Mère s'appelle Papatuanuku. Elle porte la vie et nous offre ses trésors : la terre, l'eau. C'est pour ça qu'il faut la respecter en protégeant l'environnement.
Dans notre culture, la Terre est sacrée. Je dis « notre culture » car tu es māori, toi aussi. Tu es mon petit-fils, un descendant de Te Rauparaha, chef de guerre et auteur du haka « Ka Mate ».
Je te raconte tout ça pour que tu saches d'où tu viens et qui tu es. C'est ton histoire personnelle, celle que tu peux raconter dans ton pepeha[1].

Gros bisous à mon petit-fils unique préféré !

Iriaka

1. Dans la culture māori, le *pepeha* est une courte allocution durant laquelle on dévoile son identité : l'endroit d'où on vient, la rivière ou la montagne à laquelle on est affilié, la tribu ou la famille dont on est issu.

Dans ses lettres, ma grand-mère trouve toujours le moyen de m'inspirer. Elle vient de me donner une idée sans le savoir ! J'élabore un plan d'action pour le prochain entraînement de rugby.

J'ai aussi une petite question à lui poser, mais je n'ai pas le temps de le faire par email. Je décroche le téléphone et compose son numéro.

— Allô, mamie ?

Je l'entends bâiller.

— Lucas, tu réalises qu'il est 5 heures du matin, ici ? Je dormais. Il y a urgence ?

— Oui, c'est urgent. Très urgent. Il me faut ta recette de la *pavlova*[1] !

Elliott tousse à s'en décoller l'œsophage. Il est emmitouflé dans une couverture, cloué au fond du canapé, dans son atelier.

— Je serais bien venu avec vous, dit-il faiblement. Malheureusement, j'ai attrapé un gros coup de froid hier. Je n'ai plus d'énergie pour rien.

Il fait semblant d'être malade. C'est gros comme une maison.

— Pour quelqu'un qui est à l'article de la mort, tu trouves quand même la force de rectifier l'article sur Lucien Petit-Breton du tac au tac.

---

1. La *pavlova* est une spécialité culinaire néo-zélandaise. Il s'agit d'un gâteau à base de meringue et de morceaux de fruits.

Il me regarde avec un air suspicieux.

— C'est moi qui ai écrit que Petit-Breton courait avec des pneus fabriqués à base de gélatine de méduse, révélai-je. Je voulais voir combien de temps il faudrait à un Elliott à l'agonie pour corriger l'article. J'ai attendu trente secondes…

— Bon, d'accord, je ne suis pas malade. Je suis en pleine forme. C'est juste que je ne veux pas faire cette randonnée. Une journée de marche, c'est trop fatigant.

— Il suffisait de le dire, lancé-je en entendant des bruits de pas dans le jardin. Je crois que les premiers équipiers arrivent.

— Qu'est-ce que tu cherches à accomplir avec cette balade en montagne ?

— Je vais souder l'équipe autour de son demi de mêlée. Pour ça, il faut que je m'ouvre à eux…

Justement, la porte s'ouvre. Djibril et Simon entrent dans l'atelier. En premier. Forcément.

Quand tout le monde est réuni, je leur apprends qu'on ne va pas vers la salle de musculation, mais vers un sommet.

— En courant ? demandent Djibril et Simon.

— En marchant au même rythme, dis-je. En se serrant les coudes, comme sur un terrain de rugby.

Les Otakus sont plus à la peine que les arrières, mais on avance tous ensemble. On est treize, et on fait corps. Les Bannis trouvent le moyen de se chamailler, ce qui nous amuse. Colin se vante d'être plus proche du sommet que moi – il me dépasse d'une tête, ce qui lui donne quelques centimètres d'avance. Wassim est bien content de pouvoir compter sur sa jambe surpuissante. Il monte la pente avec entrain.

Arrivés en haut de la montagne, on se tape dans les mains. La vue est magnifique. Depuis notre poste d'observation, on aperçoit la ville en contrebas. Autour, c'est un paysage verdoyant qui s'étend sur des kilomètres à la ronde. L'horizon paraît aussi distant qu'un lointain continent. On déballe nos casse-croûte, et on déjeune.

En dessert, j'offre un éclair au chocolat à celui d'entre nous qui a, plus que les autres, une faim de loup. Pour se départager, on hurle comme des loups dans l'espace qui s'ouvre devant nous. Nos voix s'envolent dans le vide, planent tels des aigles, s'élèvent avant de disparaître. Wassim remporte l'épreuve. Il mange sa pâtisserie goulûment.

On s'assoit en cercle, et je prends la parole :

— L'Auvergne a un point commun avec la Nouvelle-Zélande : les volcans. Aujourd'hui, on n'a pas gravi une simple montagne, mais un des volcans endormis de notre région.

Wassim a du chocolat partout autour de la bouche. Je lui tends une serviette en papier pour qu'il s'essuie. Je poursuis :

— Dans la culture māori, montagnes et rivières sont comme des êtres vivants. On peut y puiser une force spirituelle. Si j'ai voulu venir au sommet de ce cratère, c'est pour qu'on se connecte à la puissance du volcan et qu'on se ressoude. C'est aussi pour qu'on baptise l'équipe. Que pensez-vous des « Volcans » ?

— Super ! s'exclame Colin.

— Trop bien ! lancent les Bannis

— *Hai !* disent les Otakus.

Avants et arrières lèvent un pouce en l'air. Malheureusement, il manque celui de Jade.

Je me lève.

— Je suis d'origine māori. Dans notre culture, quand on prend la parole face à une assemblée, on fait un *pepeha*. C'est une introduction dans laquelle on se présente. Jusqu'à maintenant, vous ne me connaissiez que comme le petit nouveau fan de rugby. Je veux aussi devenir votre ami, alors je vais vous dire qui je suis.

Je prends une grande inspiration. J'ai déjà fait mon maximum en prenant la parole devant un groupe, mais il me faut encore un peu de courage. Je délivre mon *pepeha* :

— Mon ancêtre est Te Rauparaha, chef de guerre et auteur du haka « Ka Mate ».

« La montagne à laquelle je suis affilié est ce volcan, notre volcan.

« *Ko Lucas Elavo tōku ingoa* :

« Je m'appelle Lucas Elavo.

— Heureux de faire ta connaissance, Lucas ! lance Colin en se levant à son tour. Je suis content de t'avoir comme demi de mêlée.

— Enchanté, Lucas, dit Wassim en se mettant aussi debout. Je suis content de t'avoir comme capitaine.

Le vent se lève. Toute l'équipe se lève. Le soleil perce entre deux nuages. Un sourire s'épanouit sur chaque visage. Un aigle vient tourner en rond au-dessus de nos têtes. Mon cercle d'amis se referme autour de moi. On me serre la main, on me tape sur l'épaule. On ressemble, pour la première fois, à une équipe soudée.

CHAPITRE 11

Une solution du bout du monde

Elliott reprend son rôle d'entraîneur à bras-le-corps. Il me laisse les clés de son atelier pour que Wassim et moi – la charnière centrale de l'équipe – puissions passer un maximum de temps sur ses programmes de réalité virtuelle. Et il nous concocte des exercices venus de nulle part, tous basés sur les machines les plus farfelues. Il a fabriqué des lunettes opaques qui deviennent transparentes par simple pression sur un bouton. On les chausse pour la terrible épreuve du « chemin des boudins ».

Dans notre ville, il y a un chemin piétonnier qui, sans qu'on sache pourquoi, est devenu la litière du quartier. Chaque jour, de nouveaux étrons apparaissent un peu partout. Il y en a de toutes les espèces. Des grands et des petits. Des foncés et des pâles. Des durs et des mous. Les propriétaires de chiens ne ramassent pas les crottes de leurs compagnons à quatre pattes, ce qui est un manque de savoir-vivre, mais aussi une aubaine pour nous.

J'enfile les lunettes opaques. Je ne vois plus rien. Quand Elliott me donne le top départ, je dois remonter le chemin en sprintant. Mon coach tient une télécommande entre les mains. Grâce à elle, il peut désactiver le filtre opaque des lunettes pour me permettre de voir. Il le fait par intermittence, me permettant d'analyser le terrain pendant une demi-seconde, avant de me replonger dans le noir. Ça nous apprend à analyser les forces en présence d'un seul coup d'œil. La vista ! Bon, dans cet exercice, les défenseurs adverses sont remplacés par des crottes, mais j'apprends vite. Pas question de marcher dans un boudin.

À la fin de l'entraînement du jour, Elliott vient me voir.

— Semelle nickel ?

— Zéro crotte, tu me mets une bonne note ? dis-je.

— 20/20. Je tenais à te féliciter pour ton idée de randonnée et de *pepeha*. Depuis que vous êtes redescendus de ce volcan, il y a un très bon esprit dans le groupe. Tu vois, c'est bon de s'ouvrir aux autres.

— Mais il nous manque toujours notre talonneuse…

— Le tournoi est dans quatre semaines, dit Elliott. Il faut trouver une solution pour rallier Jade, et vite.

— J'ai un plan. Ça fait un moment que je travaille dessus. Je suis même devenu un expert de la *pavlova*.

— La pavloquoi ?

— Pav-lo-va, une spécialité néo-zélandaise. J'en ai préparé une aujourd'hui.

— Pour quelle occasion ?

Je me tourne vers l'équipe.

— Troisième mi-temps !

On me répond par des « super », « cool » et l'inévitable « *hai* » des jumeaux.

— On la fait où, cette troisième mi-temps ? demande Colin.

— Chez Jade.

Tout le monde s'arrête, échange des regards interrogateurs.

— On a retrouvé notre talonneuse ? s'enquiert Colin.

— Pas encore, mais j'espère que ce sera le cas après la troisième mi-temps.

— Comment on va convaincre Jade ?

— C'est son anniversaire, aujourd'hui. On va lui organiser un goûter. Quel est le plus beau cadeau qu'on puisse offrir à une rugbywoman ?

— Une troisième mi-temps d'anniversaire ?

— Exactement. On a le gâteau – la *pavlova* – et les invités – l'équipe.

— Elle nous attend à quelle heure ?

— Elle ne nous attend pas... C'est une surprise-partie...

— Elle aime les surprises ? dit Wassim. Je redoute sa réaction.

— Je crois qu'on redoute tous sa réaction, commenté-je. Préparons-nous à un accueil aussi musclé qu'une mêlée…

L'opération « Anniversaire en terrain hostile » commence en mode ninja. On est quinze et on doit s'introduire chez Jade sans qu'elle s'en aperçoive. Si on échoue, ça ne sera plus une fête-surprise.

— La voie est libre, annoncé-je après avoir jeté un coup d'œil chez Jade.

On est massés derrière le portail. On va devoir se faufiler jusque dans le jardin à l'arrière de la maison. Il n'est pas commun de fêter un anniversaire à l'extérieur en plein automne, mais on n'a pas le choix. On ne va pas envahir la maison de Jade sans son accord.

On pousse le portail le plus délicatement, le plus lentement possible. Il grince. Elliott sort une pipette à huile de sa petite poche. Il dépose quelques gouttes sur les gonds. Le portail ne fait plus un bruit ! On l'ouvre en grand.

Je fais signe à l'équipe d'avancer en silence. Ce n'est pas une mince affaire, mais les quatorze joueurs et le coach s'en sortent à merveille. On progresse en mode furtif, puis on se sépare en deux groupes. L'un longera la maison par la gauche, l'autre par la droite.

Je ferme la marche. Je suis dans le groupe des Otakus qui, malgré leur gabarit, avancent sans un bruit. On doit aussi se rendre invisibles. Colin est un as. Avec son corps de phasme, il se contorsionne, se plie, se tirebouchonne dans tous les sens pour passer sous une fenêtre, éviter un parterre de fleurs, enjamber un obstacle sans qu'on puisse le repérer depuis la maison. On dirait un mannequin en caoutchouc qui adapte son corps à toutes les situations.

La base, quand on s'introduit chez quelqu'un par effraction, c'est la discrétion. Malheureusement, en automne, il y a un tapis de feuilles mortes qui recouvre les pelouses. Parfois, ce tapis cache une branche qui, si on marche dessus, craque.

CRRRRRAC !

Wassim se tourne vers moi. Il vient de poser le pied sur une branche cachée, provoquant un gros craquement. On s'accroupit.

Wassim observe avec dépit sa jambe droite : la jambe responsable de la malédiction de la frappe de plomb, la jambe qui, en prenant appui sur la branche, a brisé le silence de plomb. Il est à deux doigts de se maudire. Colin allonge un de ses longs bras flexibles pour poser la main sur la bouche de notre demi d'ouverture, étouffant tout éventuel bougonnement.

— Il y a quelqu'un ?

On reconnaît tout de suite la voix de Jade. Elle est à l'intérieur. Elle a perçu le craquement.

— Je t'ai entendu ! ajoute-t-elle. T'es qui ?

Elle a des oreilles bioniques ou quoi ?

Des bruits de pas. Apparemment, Jade marche vers la fenêtre, vers la source du bruit. Elle va bientôt nous découvrir, tapis sur sa pelouse. Il faut trouver une solution, et vite.

Les pas se rapprochent. Encore deux secondes et on sera repérés.

Dans l'urgence, je me lève. J'aperçois Jade à travers la fenêtre. Dès l'instant où elle me reconnaît, elle serre les poings.

— Salut, cousine ! J'ai sonné à la porte, mais on dirait que la sonnette ne fonctionne plus. Tu m'ouvres ?

Je file immédiatement à la porte d'entrée pour entraîner Jade loin des intrus qui s'infiltrent chez elle. Je leur fais signe de continuer à avancer. Ils vont devoir préparer le jardin pendant que j'occupe ma cousine.

À peine suis-je arrivé devant la porte d'entrée que Jade l'ouvre. Elle a l'air de mauvais poil.

— Qu'est-ce que tu fais là ? Je t'avais demandé de m'oublier.

— Je veux bien t'oublier trois cent soixante-quatre jours par an, mais pas le jour de ton anniversaire.

Elle fronce les sourcils.

— Joyeux anniversaire, lancé-je sur un ton enjoué – en réalité, je suis mort de trouille.

— Merci d'y avoir pensé. Maintenant, tu peux rentrer chez toi.

— Pas avant de t'avoir offert ton cadeau.

Elle entrouvre la bouche, mais ne dit rien. Elle semble surprise par cette attention.

— C'est un cadeau immatériel : un billet gagnant pour une équipe de rugby.

Elle se renfrogne aussitôt.

— Je ne veux pas réintégrer ton équipe. Si c'est ça, ton cadeau, non merci.

— Je ne te parle pas de mon équipe, mais du club de rugby.

Là, elle a l'air intéressée. Je poursuis :

— J'ai un plan. Tu rejoins mon équipe pour participer au tournoi de la All Blacks Academy. Plus on sera bons, plus les joueurs de Mathis seront obligés de briller pour gagner contre nous. Plus ils brilleront, plus ils auront de chances d'être sélectionnés par l'académie. S'ils sont sélectionnés, ils partiront en Nouvelle-Zélande, et le club devra recruter de nouveaux joueurs pour les remplacer. Tu tenteras ta chance pour intégrer l'équipe des Benjamins, et tu redeviendras rugbywoman. Joyeux anniversaire !

Elle réfléchit un moment, puis répond :

— Ou alors, je découpe leur talonneur sur le terrain. Il finit à l'hosto, et on aura besoin de moi pour le remplacer.

À droite de mon champ de vision, j'aperçois la silhouette de binoclard d'Elliott qui lève le pouce vers moi. Tout est en place dans le jardin.

— Ou alors, dis-je à Jade, tu te rends à l'évidence. T'es une fille, le rugby n'est pas fait pour toi. En plus, tu ne t'es pas entraînée depuis des semaines, donc t'es à la ramasse.

Elle semble sur le point d'exploser.

— Tu te souviens quand on a fait la course jusqu'à ton jardin ? Tu as traversé la maison et tu m'as plaqué près du grand chêne. C'était il y a longtemps. Aujourd'hui, tu n'y arriverais plus. La preuve…

Je pars en courant, donnant le top départ d'une course improvisée. Je remonte l'allée jusqu'au jardin. J'arrive sur place en même temps que Jade, qui a sprinté à travers la maison. Elle découvre, les yeux ébahis et la bouche ouverte, son équipe au grand complet.

Sur la table du jardin trône un gâteau à la meringue.

— Une *pavlova* ! murmure Jade.

Près du grand chêne, deux bouteilles de cola light sont disposées côte à côte. Elles sont reliées par une petite branche qui fait office de barre transversale. On dirait des buts de foot. Elliott lâche un Mentos dans chaque bouteille. La réaction chimique fait jaillir le soda vers le ciel, transformant le rectangle des cages de foot en H de poteaux de rugby.

— JOYEUX ANNIVERSAIRE, JADE ! lance l'équipe à l'unisson.

— Avant de manger le gâteau, il faut souffler les bougies, dis-je en faisant signe aux Bannis de s'avancer.

Djibril et Simon font un pas en avant, chacun muni d'un sac de plaquage. Je les ai fabriqués moi-même avec de grands sacs à patates en toile que j'ai rembourrés avec des chiffons. Ils mesurent un mètre de haut. Ils vont nous servir à travailler les plaquages bas. En haut des sacs, j'ai cousu une houppette en tulle jaune pour symboliser une flamme. On dirait deux bougies géantes. J'ai même dessiné un grand 1 et un grand 2 dessus pour inscrire l'âge de Jade : 12 ans. De quoi exécuter un « plaque-âge » !

— Souffle tes bougies, lui lancé-je. Je veux dire… plaque tes bougies.

— Je dois faire un souhait ? demande-t-elle.

— Si tu veux, dis-je en pianotant sur mon smartphone. J'appelle mamie en vidéo. Comme ça, elle sera avec nous.

Jade enlève ses chaussons – elle courra pieds nus. Elle ôte son pull, dévoilant un maillot des All Blacks.

— Lucas, il est 4 heures du matin ! grommelle Iriaka en décrochant.

— Mon souhait, c'est de gagner le tournoi de la All Blacks Academy ! dit Jade avant de s'élancer.

— Je reconnais cette voix, s'exclame Iriaka. Et ce maillot.

Jade se précipite vers les sacs de plaquage. Je la filme. Elle tamponne le premier, finit au sol, se remet immédiatement sur ses appuis et plaque le deuxième sac.

— Ça, c'est ma petite-fille tout craché ! jubile Iriaka. Joyeux anniversaire, Jade !

Je retrouve ma cousine. On raconte notre projet d'équipe à notre grand-mère. On lui parle du tournoi qui approche. Jade la remercie pour son cadeau d'anniversaire, le maillot des All Blacks.

— Avant de raccrocher, j'aimerais te présenter notre coach, dis-je. Il s'appelle Elliott.

— Bonjour, madame, dit-il, intimidé. Je suis heureux de vous rencontrer. Quand on pense que vous êtes en Nouvelle-Zélande et nous en France, c'est fou. Le téléphone envoie des ondes radio jusqu'à l'antenne relais la plus proche, puis grâce à la fibre optique...

— Le fameux Elliott ! l'interrompt Iriaka avant qu'il ne détaille tout le fonctionnement d'un appel vidéo. J'ai beaucoup entendu parler de toi. Avec tes histoires d'ondes et d'antenne, tu ne faillis pas à ta réputation.

— Quelle réputation ? demande-t-il.

Le groupe éclate de rire. Elliott semble presque vexé.

— Mon petit-fils m'a livré un portrait très juste de son meilleur ami.

— J'étais seulement en train de m'émerveiller sur la prouesse technologique qui permet à deux personnes aux antipodes de communiquer.

— Surtout, ne change pas ! lui dit Iriaka avant de s'adresser à ses petits-enfants. Joyeux anniversaire, Jade. Quant à toi, Lucas, merci pour l'appel. Mais si tu continues à me téléphoner en pleine nuit, je vais t'envoyer Dane Coles[1] pour qu'il t'apprenne les bonnes manières.

— Même pas peur ! lancé-je.

---

1. Dane Coles est le talonneur des All Blacks qui a gagné la coupe du monde de rugby 2015. Il mesure 1 mètre 84 pour 110 kilos !

On fait au revoir à Iriaka, et je raccroche.

— Qui veut de la *pavlova* ? demandé-je.

Toute l'équipe – Jade comprise – s'empresse de lever la main. On est tous les seize affamés.

— Avant toute chose, immortalisons la troisième mi-temps d'anniversaire de Jade, dit Elliott en faisant décoller son drone.

— Il revole ? s'exclame Wassim avec joie.

— Il est réparé et apte à prendre notre première photo de groupe. Allez, on lève les bras au ciel et on fait un V avec nos doigts.

Sur la photo prise avec le drone, on voit seize collégiens arborant un grand sourire. Sans le savoir, ils sont positionnés en ovale, rappelant la forme d'un ballon de rugby. Ils font le V de la victoire, qui est aussi le V de « Volcans ».

Les Volcans sont nés !

CHAPITRE 12

Un régime de vainqueurs

Les semaines passent, et le tournoi de la All Blacks Academy approche. Aux entraînements, on met les bouchées doubles. Elliott nous impose un programme physique qui nous permettra d'être au meilleur de notre forme au moment de la compétition. On apprend des combinaisons tactiques dignes des All Blacks. On se prépare même sur le plan nutritionnel.

Une semaine avant le tournoi, on se retrouve pour un déjeuner de rugbymen dans l'atelier d'Elliott. C'est dimanche, trois heures avant l'entraînement. Il faut privilégier les sucres lents, alors c'est pâtes pour tout le monde. Je suis le préposé à la cuisine avec Wassim.

Chaque joueur a apporté une grosse poignée de pâtes. On les met en commun dans un grand plat. Il y en a de toutes les sortes – des coquillettes, des spaghettis, des macaronis et j'en passe. L'assortiment est comme notre équipe : varié, bigarré, atypique. Chacune de nos différences fait notre force. Je mets de l'eau à bouillir dans une grande marmite. Wassim jette du gros sel dedans, puis on touille les pâtes à tour de rôle. On a l'impression d'être le druide Panoramix préparant la potion magique. On remplace le gui par quelques pincées d'herbes de Provence.

— J'aimerais ajouter ça, me chuchote Wassim. C'est un porte-bonheur.

Il déplie une feuille de papier. À l'intérieur, il y a un trèfle.

— Ça m'a pris deux heures pour en trouver un à quatre feuilles.

— Je ne savais pas que tu étais superstitieux, réponds-je. Beaucoup de rugbymen le sont. Chez les All Blacks, Sam Whitelock porte toujours le même style de sous-vêtements noir et blanc pendant les matchs.

— Moi, je porte un boxer noir… dit Wassim, soudain paniqué. Ça porte malheur ?

— La performance de l'équipe n'est pas liée à la couleur de tes sous-vêtements, je te rassure. On va quand même utiliser ton trèfle.

— D'accord. Je le hache finement.

Il découpe le trèfle et le parsème sur les pâtes.

— C'est prêt !

L'équipe se réunit, et on remplit les assiettes.

— Djibril a plus de fusillis que moi ! s'écrie Simon. Ça lui fait plus de sucres lents !

— Toi, tu as clairement plus de farfalles et de pennes, donc ne te plains pas, réplique Djibril.

— Et tes fettuccines, on en parle ?

— Regarde la pelote de tagliatelles qu'on t'a servie, et ose me dire que j'ai une assiette plus copieuse que la tienne !

— On va les peser ! lancé-je pour calmer le jeu. Elliott, tu as une balance pour nos ailiers chamailleurs ?

— Je vais te chercher ça.

On pèse les assiettes, puis on ajoute trois cannellonis dans l'assiette de Djibril, qui avait quelques grammes en moins. L'incident est clos. On peut enfin manger.

Trois heures plus tard, on rejoint notre champ de ruines d'entraînement. On travaille l'accélération grâce à des mini-parachutes accrochés dans notre dos. Dès qu'on se met à sprinter, ils se gonflent, se lèvent à un mètre du sol et nous ralentissent, nous obligeant à donner le meilleur de nous-mêmes sur une course de cinquante mètres. Si les parachutes se rapprochent du sol, c'est qu'on ne maintient pas notre vitesse de pointe.

À mon tour de sprinter. L'équipe est postée derrière la ligne d'arrivée. Je pose un genou à terre, prends une grande inspiration, puis pars comme un boulet de canon. En levant la tête, j'aperçois mes coéquipiers qui font, eux, une sale tête. J'ai à peine parcouru deux mètres que je suis violemment stoppé, retenu par le fil de mon parachute comme un chien par sa laisse.

La voile a dû se coincer quelque part. Je me retourne et découvre...

— Mathis, qu'est-ce que tu fais là ! crie Colin en courant vers moi avec toute l'équipe.

— Je suis venu voir ce que vous mijotiez, répond-il, flanqué de cinq amis-molosses. Vous montez une équipe de quoi ? De curling ?

— De rugby, dis-je en serrant les dents. On forme une équipe de rugby.

— Visiblement, le ridicule ne tue pas. Le match amical ne vous a pas suffi ?

— Notre objectif, c'est le tournoi de la All Blacks Academy, grogne Jade.

L'équipe entière m'a rejoint. On fait bloc face à Mathis et sa bande.

— Vous allez participer au tournoi ? Vous allez me trouver sur votre chemin.

— On compte justement dessus, dit Colin en déployant un de ses longs bras jusqu'à la ficelle du parachute.

Il tire dessus d'un coup sec, obligeant Mathis à lever le pied pour libérer la voile.

— À très bientôt, dit-il en nous tournant le dos. Je vous conseille de remplacer vos parachutes par des casques de protection. Sur le terrain, vous allez vous écraser contre le mur de ma défense.

Il s'éloigne sous les ricanements de ses amis.

Après avoir été le souffre-douleur de Mathis pendant des années, Colin n'en peut plus de son tourmenteur. Il met une poignée de cailloux dans la voile du parachute, la fait tournoyer autour de sa tête comme une fronde, s'apprêtant à la lancer sur Mathis. Je retiens son bras.

— Ça ne servira à rien. Si tu l'attaques, il aura gagné. Il n'attend que ça pour riposter. Ne lui fais pas ce plaisir.

Colin ralentit le mouvement, puis lâche sa fronde improvisée.

— On réglera ça à la loyale, sur le terrain, dit Jade. On gagnera notre match contre lui.

— Et pour ça, il va falloir parler stratégie, rebondit Elliott en déployant un plateau de jeu par terre. J'ai conçu un terrain de rugby.

Le plateau cartonné est coloré en vert pour la pelouse, avec des lignes blanches pour délimiter le terrain. Il installe des pions en forme de volcan sur le plateau.

— Ça, c'est nous, les Volcans, dit-il avant de disposer des pions en forme de boudins. Ça, c'est l'équipe de Mathis.

Nos éclats de rire résonnent contre les murs des vestiges.

La veille du tournoi, je ne tiens plus en place. On est à moins de vingt-quatre heures de notre entrée sur le terrain. À la cantine, Elliott surveille ce qu'on mange. Pendant les récréations aussi. Il sermonne tous les coéquipiers qui forcent sur les sodas, les bonbons et les barres chocolatées. On parle beaucoup de rugby. On se repasse les plus belles actions des All Blacks. On forme un vrai groupe de seize potes. Jade est enfin mon amie, et je crois même que ça ne lui déplaît pas !

On termine la journée par un cours d'anglais.

— Demain, c'est le tournoi de sélection de la All Blacks Academy ! dit M. Benazzi. Qui va y participer ?

Je lève la main, Jade aussi. Mathis en fait autant en se penchant vers moi. Sans me quitter des yeux, il articule silencieusement « loser ». Une technique d'intimidation qui recycle admirablement le vocabulaire enseigné par notre professeur d'anglais.

— Un futur grand rugbyman est peut-être parmi vous. Avez-vous entendu parler d'un joueur portant le même nom que moi ?

— Abdelatif Benazzi ! lance Elliott en démarrant au quart de tour. Rugbyman des années 90. Né au Maroc, il a été sélectionné soixante-dix-huit fois en équipe de France, marquant…

— Merci, Elliott, l'interrompt notre M. Benazzi. C'était un excellent joueur. Il a commencé le rugby au Maroc, où il ne fait pas bon être rugbyman : le pays n'a pas la culture de l'ovalie, le sport s'y pratique sur un sol sec, dur… Je vous laisse imaginer les plaquages !

— Il a dû adorer les conditions de jeu lorsqu'il est arrivé au club d'Agen, avance Elliott.

— L'état de la pelouse, peut-être, mais pas l'état d'esprit… Certains de ses coéquipiers l'ont rejeté parce qu'il était marocain. C'était rare, un rugbyman étranger, à l'époque. Mais il s'est accroché jusqu'à se faire une place.

— Et quelle place !

— Pareil quand il avait votre âge. On se moquait de lui parce qu'il était trop grand, trop gros, trop introverti. Il n'a pas baissé les bras, donnant le maximum sur le terrain. Il est devenu l'un des plus grands rugbymen français, participant à l'essai du bout du monde[1], gagnant une demi-finale de coupe du monde contre les All Blacks.

— Coupe du monde 1999, précise Elliott. Contre la Nouvelle-Zélande de Jonah Lomu…

— Tout ça pour dire que vous pouvez réaliser vos rêves. Même si vous êtes trop ceci ou trop cela, même si votre chemin est semé d'embûches, même si vous vivez dans cette petite ville, loin de Marcoussis[2] ou de la All Blacks Academy, vous avez toutes vos chances de devenir rugbymen professionnels. Cramponnez-vous à vos rêves.

— Votre métaphore est aussi valable pour ceux qui ont d'autres objectifs ? demande Elliott. Moi, je ne rêve pas de devenir rugbyman, mais journaliste.

— Je ne me fais aucun souci pour toi, dit M. Benazzi, exaspéré. Tu es sur la bonne voie.

---

1. « L'essai du bout du monde » est l'un des plus beaux essais de l'équipe de France de rugby. En 1994, à l'autre bout du monde (en Nouvelle-Zélande), les Bleus remontent le ballon d'une extrémité à l'autre du terrain pour marquer un essai d'anthologie.

2. Marcoussis est la ville où se trouve le centre national du rugby français (centre de formation et d'entraînement de la Fédération française de rugby).

— Moi, je veux devenir confiseuse-chocolatière, intervient une élève.

— Championne de France d'e-sport ! ajoute une autre.

— En ze qui me conzerne, ze zouhaite inventer un vaczin contre le zozotement, lance un garçon.

La classe est en ébullition. Chaque élève veut savoir si son rêve est réalisable. M. Benazzi répond par l'affirmative à chacun d'entre eux.

— Et personne ne veut devenir prof d'anglais ? demande-t-il. Je ne vous donne pas envie de prendre la relève ?

Là, personne ne s'empresse de participer. Embarrassée par la réponse qu'il faudrait donner à cette question, la classe se contente de baisser la tête. Notre professeur prend un visage boudeur.

C'est la fin de la semaine. La prochaine fois que je verrai mes équipiers, ce sera le lendemain, sur le terrain. J'accompagne mes parents dans leur camion à pizzas. Ce soir, ils sont survoltés, car ils lancent leur nouvelle pizza : « l'Ovalie ». Ils l'ont élaborée en l'honneur du tournoi. Elle est censée incarner les régions françaises du rugby en intégrant des spécialités culinaires du Sud-Ouest. Jamais à court d'idées, ils ont imaginé une pizza ovale. Les garnitures s'empilent sur deux centimètres de haut : cassoulet, jambon de Bayonne, piment d'Espelette, Ossau-iraty et confiture de cerises noires. Les clients défilent, mais l'Ovalie ne trouve pas preneur. Je ne peux même pas faire plaisir à mes parents en la goûtant, car c'est un concentré de calories. Mon coach nutritionnel me l'interdirait !

Pour tuer le temps, je vais consulter mon article. Je suis heureux de découvrir qu'Elliott l'a mis à jour.

Lucas Elavo, une vie en ovalie

Lucas Elavo est un jeune rugbyman français aux origines néo-zélandaises. Demi de mêlée talentueux et passionné, c'est un champion de l'esprit d'équipe. Il a combattu sa timidité pour devenir un grand meneur d'hommes.

Biographie :
- La rivalité avec Mathis
- La randonnée et le *pepeha* : Lucas s'ouvre aux autres
- Résultat du tournoi de la All Blacks Academy : événement à venir

L'article me fait sourire. C'est vrai que j'ai fait beaucoup de progrès depuis la rentrée scolaire. Je ne suis plus le petit nouveau solitaire. J'ai quatorze amis et une cousine à mes côtés !

Mon smartphone vibre. C'est un message d'Elliott.

Urgence ! RDV dans mon atelier. C'est la cata !

Sans me poser de question, je file chez Elliott. En m'approchant, j'entends des gémissements de douleur. J'entends aussi Jade qui crie :

— MAIS QUEL NEUNEU !

J'entre sans frapper.

— Fous-lui une baffe pour moi ! me dit-elle en désignant Simon.

Il est allongé sur le canapé, la jambe en l'air, le visage grimaçant.

— Qu'est-ce qui se passe ?

— Il se passe que tu as recruté un idiot fini, répond Jade. Il ruiné les chances de l'équipe.

Elliott s'approche de moi.

— Simon s'est fait une entorse à la cheville. Il ne pourra pas jouer demain. On n'a pas de remplaçant. À quatorze, on doit faire une croix sur le tournoi.

C'est fini. Plus d'ailier, plus de tournoi. J'étais si proche du but, et voilà que tout s'effondre. Je m'effondre moi aussi. Par terre.

— Non, je peux jouer ! articule Simon entre deux gémissements. Je *vais* jouer. Elliott, tu vas bien inventer une machine pour me réparer la cheville, hein ?

— Je n'ai pas la technologie ni le compte en banque de Tony Stark, répond-il. À moins de construire une armure à la Iron Man pour maintenir et renforcer ta cheville, je ne vois pas ce que je peux faire.

— Tu ne peux pas me réparer ?

— Tu n'es pas un robot ! T'es un crétin en version bêta !

— Comment tu t'es fait ça ? demandé-je à Simon.

— J'ai… J'ai tenté un défi.

— Quel défi ?

— Courir un sprint. Cinquante mètres en moins de dix secondes.

— C'est tout ?

— Sur le grand mur… Il fallait le courir sur le grand mur du château en ruine, le sprint.

— Mais ce mur mesure deux mètres de haut ! m'écrié-je.

— C'est pour ça que je me suis tordu la cheville en retombant.

Évidemment. J'oscille entre la déception et la consternation.

— Qu'est-ce qui t'a fait penser que c'était une bonne idée ?

— Djibril l'avait couru en dix secondes. Je voulais battre son chrono.

— La veille du tournoi ?

— Dis-lui toute la vérité ! intervient Jade. Dis-lui qui t'a proposé ce défi.

— Mathis…

— Mathis te demande de faire une bêtise, de te mettre en danger, et tu acceptes ?

— Djibril l'a fait avant moi.

— Eh non, explique Elliott. Je viens de lui demander. Mathis ne lui a pas parlé de la journée.

— Puisque tu es aveuglé par ta rivalité avec Djibril, je vais te dire ce qui s'est passé, m'emporté-je. Mathis t'a fait croire que Djibril avait couru sur le mur pour que tu en fasses autant. Il a fait ça pour que tu te blesses. Il t'a manipulé, et tu n'as rien vu.

— L'équipe ne jouera pas demain, fulmine Jade. Par ta faute. Quatorze joueurs et un coach auront travaillé pendant des mois pour rien.

Mathis a gagné. Pas de All Blacks Academy pour moi. Mon rêve m'échappe de nouveau.

— Je rentre, dit Jade. J'ai transporté cet idiot sur mon dos du collège jusqu'ici. J'ai fait ma part.

Elle sort sans se retourner. Elle a l'air autant en colère que moi.

— Voilà des béquilles, dit Elliott en relevant Simon. Je te laisse réfléchir à tes actes.

— Je suis trop désolé.

— T'es surtout trop blessé, pesté-je en me relevant. Je ne te dis pas à demain, on annule notre participation au tournoi. Bon week-end.

Je lui tourne le dos. J'ai presque des remords à lui parler comme ça, mais il aurait dû penser à l'équipe. Il s'en va en claudiquant.

— C'est le pire des scénarios, mais il faut voir le bon côté des choses, me dit Elliott. On a réuni un groupe autour d'une passion. On s'est bien amusés. On s'est fait des amis.

Je suis trop démoralisé pour répondre.

— Et tu as appris à t'ouvrir aux autres.

J'ai gagné des amis, mais je dois renoncer à mon rêve. Résultat des courses : j'ai envie de pleurer.

— Souviens-toi, en début d'année, tu étais tellement timide que tu n'osais pas frapper aux portes des joueurs pour leur proposer d'intégrer l'équipe.

Tu as parcouru du chemin, depuis l'épisode du porte-à-porte.

Je guette une idée de génie. Elle se faufilera dans mon cerveau comme un rugbyman perce la défense adverse pour aller marquer l'essai. Au moment où elle me percutera, ce sera la même sensation qu'écraser le ballon dans la zone d'en-but. Un sentiment de puissance, de victoire, de plénitude. Mais aucune idée de génie ne jaillit…

— Tu réfléchis à quoi ? s'enquiert Elliott.

— À une solution pour participer au tournoi. Je n'en trouve aucune. Cette fois, toquer à une porte ne suffira pas pour résoudre le problème…

CHAPITRE 13

Coup de théâtre

Samedi matin, on toque à ma porte. Je n'ai pas envie d'aller ouvrir. Comme c'est le jour du tournoi tant attendu et que je n'y participerai pas, j'ai prévu de rester seul dans mon coin. La personne insiste en frappant à nouveau. Je me traîne jusqu'à la porte d'entrée en faisant la moue.

— Qui c'est ?

— Edgar, répond l'inconnu, qui a une voix de collégien.

— Tu es qui, toi ? Qu'est-ce que tu veux ?

— Il me semble que tu es confronté à un problème… Je viens le résoudre.

J'ouvre la porte, et découvre un des joueurs de l'équipe de Mathis. De bougon, je passe à furieux.

— Ton capitaine et toi, je vous déteste. Vous avez manigancé un coup bas pour que Simon se blesse. Et tu as le culot de venir ici ? Va-t'en.

— Ça tombe bien, je ne vais pas pouvoir m'éterniser. Le tournoi commence bientôt.

— Tu viens me narguer ?

— Non. Te proposer de participer au tournoi avec moi.

— Pas question de jouer dans la même équipe qu'un gars comme Mathis !

— Totalement d'accord. C'est pour ça que je viens te demander une faveur. J'aimerais jouer dans ton équipe.

— On n'a plus d'équipe…

— Il te manque un ailier ? Je suis ailier.

Un remplaçant… Avec lui, on serait à nouveau quinze ! Mais c'est trop beau pour être vrai.

— Mathis t'a envoyé ? Pour t'infiltrer dans notre équipe et nous faire un coup bas en plein match ?

Edgar a la bonne grâce d'avoir l'air un peu penaud.

— J'étais là quand il a eu son idée de défi. Il savait qu'avec un joueur blessé, votre équipe ne pourrait pas participer au tournoi. Je n'ai rien dit. Désolé.

— Il fallait y penser avant !

— J'y ai pensé après… Sur le coup, j'ai bêtement suivi la bande. Je compte bien me rattraper. Je ne veux plus jouer avec un capitaine comme Mathis. Je n'aime pas l'ambiance qu'il fait régner dans le groupe. Et je n'aime pas les tricheurs.

— Tu crois que notre équipe va accepter quelqu'un qui a regardé Simon se faire piéger sans rien dire ? Et tu penses à Mathis ? Pour lui, tu seras un déserteur. Il va te le faire payer sur le terrain.

— Le rugby, c'est un sport, mais aussi un jeu. Je veux m'amuser, ce qui n'était pas le cas avec Mathis. J'ai entendu parler de toi, de ton équipe. Il paraît qu'il y a une bonne ambiance dans votre groupe. C'est pour ça que je veux jouer avec vous.

Je réfléchis. Edgar a le bon état d'esprit. Je peux peut-être convaincre l'équipe de l'intégrer parmi nous.

— D'accord, je vais voir ce que je peux faire.

— Par contre, j'ai une condition.

— Et en plus tu fais le difficile ?

— Si je vous rejoins, ce n'est pas uniquement pour le tournoi. Je veux être inclus dans l'équipe jusqu'à la fin de l'année scolaire. J'ai entendu parler de vos méthodes d'entraînement révolutionnaires. J'ai trop envie d'essayer le « chemin des boudins » !

— Marché conclu ! Tu les auras, tes boudins.

— Euh... une dernière chose... Concernant votre nom... Vous vous appelez vraiment les Méduses ?

J'ai deux heures pour rassembler l'équipe et l'amener sur le terrain. Je téléphone à Elliott en premier.

— J'ai trouvé un remplaçant ! Un ailier !

— Tu es allé frapper à sa porte ?

— Non, cette fois, c'est quelqu'un qui a frappé à la mienne. On est de nouveau dans la course pour la All Blacks Academy !

— Moi, je m'occupe des préparatifs.

— Et pour se rendre au tournoi, on fait comment ? demandé-je. On ne peut plus y aller en camion à pizzas ! J'ai dit à mes parents qu'on se retirait de la compétition, qu'ils n'avaient plus besoin de nous conduire, alors ils sont partis se promener en forêt. Ils n'ont pas de réseau, donc impossible de les contacter !

— Le tournoi est à vingt kilomètres. On peut y aller à vélo. Ça nous fera un échauffement. Ça tombe bien, parce qu'on ne va pas avoir le temps de s'échauffer avant le match.

— À vélo, à la vitesse de Petit-Breton ! À tout à l'heure !

Je raccroche et téléphone à Jade.

— Cousine, c'est le moment de vérité !

— La vérité, c'est que tu es une vraie tête à claques, répond une voix de grand-mère. Tu m'as réveillée.

— Iriaka ? Pardon, je me suis trompé de numéro… Je voulais contacter Jade. C'est le grand jour !

— Vous allez briller, mes petits-enfants.

— Merci, mamie. Bonne nuit !

Je téléphone à Jade.

— Cousine, j'ai un remplaçant pour Simon. On joue dans deux heures !

— Enfin une bonne nouvelle !

— On forme une chaîne téléphonique. Tu téléphones aux premières lignes, qui téléphonent aux deuxièmes lignes, qui téléphonent aux troisièmes lignes, et ainsi de suite jusqu'à notre arrière, Colin.

— Quel est le message ?

— Trajet à vélo. Ne pas oublier ses affaires de sport. Elliott emporte les maillots.

— Compris. À tout de suite, cousin.

Je suis tellement surexcité que j'en tremblerais presque. J'enfourne mes affaires de sport dans mon sac à dos, puis je me rue dans le garage. J'enfourche mon vélo, mais la chaîne a déraillé ! Je me tartine de l'huile sur les doigts en la remettant en place. Je me passe les mains sous l'eau. Ça me prend un temps infini de les nettoyer. Je trépigne ! Cinq minutes après avoir raccroché le téléphone, je suis enfin sur mon vélo, direction le tournoi de la All Blacks Academy.

Au fil du trajet, je suis rejoint par les coéquipiers. On est deux, puis trois, puis cinq quand les Otakus se greffent au groupe. Au moment de sortir de la ville, on est seize, au grand complet.

Pour se préserver physiquement, on passe successivement en tête de peloton, comme les cyclistes lors du Tour de France. C'est Elliott qui nous le demande par souci d'aérodynamisme. Il nous explique que le cycliste en tête de peloton se fatigue plus, car il est ralenti par l'emprise du vent. Ceux qui sont dans son sillage n'ont pas ce problème. Nous voilà dans les pas – ou plutôt les roues – de Lucien Petit-Breton !

En arrivant sur place, on découvre des drapeaux noirs arborant une fougère argentée. C'est bien là. Notre tremplin vers la All Blacks Academy. Ça tombe bien, c'est « noir » de monde. Il doit y avoir deux cents Benjamins venus de toute la région participer au tournoi. La compétition va être rude.

On accroche les vélos et on se serre la main, chose qu'on n'avait pas pu faire quand on roulait. Les Otakus, Jade, Wassim, Djibril… Tout le monde est là. On est heureux de se retrouver pour ce grand événement. Je leur présente Edgar. Notre arrière, Colin, me pose une question :

— Au fait, pourquoi tu nous as demandé d'apporter de la mayonnaise ?

— Je n'ai pas demandé ça…

— Si, intervient Djibril. Tu as dit qu'il fallait apporter nos impers pour dehors et de la mayo. J'ai pris un poncho en plastique, vu que je n'ai pas d'imperméable.

— Je n'ai pas parlé « d'impers pour dehors », mais « d'affaires de sport ». Et j'ai précisé qu'Elliott s'occupait des « maillots ». Qu'est-ce que tu t'imaginais faire avec un tube de mayo ?

Colin prend un air désespéré, puis répond :

— Bon, la prochaine fois qu'on fait une chaîne téléphonique, je veux être en début de chaîne. Y en a, dans l'équipe, qui ne savent pas transmettre un message correctement !

— On oublie et on se concentre, lance Elliott en me donnant le sac accroché à son porte-bagages. Dans ce sac, vous trouverez vos maillots et de quoi manger. Des barres de muesli et du lait concentré. On n'a pas pris notre platée de pâtes, donc vous n'aurez pas de sucres lents sur le terrain. Mais avec mon cocktail de sucres rapides, ça devrait aller.

— Beaucoup de sucres lents dans mon organisme, dit un Otaku.

— Gros petit déjeuner bien équilibré, confirme l'autre.

— Allez vous habiller, reprend Elliott. Pendant ce temps, je gère notre inscription auprès de la All Blacks Academy.

On lui adresse un pouce levé et on se dirige vers le bâtiment.

En entrant, je découvre Mathis, assis sur un banc. Il lève la tête vers nous. Il a l'air de ne pas en croire ses yeux. Il ouvre bêtement la bouche. Finalement, il parvient à la mettre en mouvement pour articuler une cordiale salutation :

— Qu'est-ce que vous foutez là, les Poulpes ?

— À l'origine, on s'appelait les Méduses, pas les Poulpes, précisé-je. Et on avait promis de te retrouver sur le terrain. On est ici pour tenir parole.

Il me fusille du regard, puis il esquisse son habituel sourire en coin. Il se tourne vers son ancien ailier.

— Edgar, t'es en retard et t'as loupé l'échauffement, dit-il en lui lançant un maillot. Enfile ça.

— J'ai décidé de porter le maillot de l'équipe de Lucas, répond-il. Je préfère jouer avec un groupe qui connaît la convivialité, qui ne travaille pas la triche à l'entraînement, qui ne blesse pas un joueur adverse la veille d'un tournoi.

Djibril se penche pour me chuchoter à l'oreille :

— Parfois, Simon triche un peu à l'entraînement…

— Chhhhhhut !

— Tu me décris une équipe de losers, dit Mathis en s'approchant d'Edgar. Tu aimes la défaite ?

— Un bon esprit d'équipe, c'est la première victoire, répond-il. La deuxième victoire, c'est sur le terrain qu'elle se jouera.

— Et on va tout faire pour l'obtenir, ajouté-je en me postant à côté de notre nouvel ailier. À la loyale !

Mathis rigole en renâclant. Il fait signe à son équipe de le suivre hors des vestiaires. Avant de sortir, il lance :

— Le Sporting va vous détruire. Bonne chance, les Mollusques…

Quand il ne reste plus que nous, j'ouvre le sac d'Elliott. Je découvre notre maillot pour la première fois. C'est notre coach qui a conçu le design. Il est entièrement noir (sûrement pour rappeler les All Blacks) avec une ligne horizontale rouge qui court tout autour du torse. On dirait une ceinture. À l'avant, la ligne rouge se relève pour atteindre le cœur, puis redescend, dessinant la silhouette d'un volcan.

On est comme des fous en découvrant nos maillots. Ils sont magnifiques et ils nous ressemblent. Ils reflètent notre influence All Blacks, tout en affichant notre identité avec le volcan dont le sommet se situe au niveau du cœur. Je trouve le maillot floqué du numéro 9 et l'enfile. Je regarde l'équipe. On est tous habillés pareil. On se sent invincibles.

— Qu'est-ce que vous êtes beaux ! dit Elliott en entrant dans les vestiaires.

— Grâce à toi, oui. Merci, Elliott.

Je pourrais lui écrire un article sur le Net, pour rendre hommage au couturier émérite et meilleur coach sportif de l'histoire, mais je n'ai pas son talent. Heureusement, il semble percevoir l'immense gratitude contenue dans mon petit « merci ».

— Le plaisir est pour moi. Au fait, c'est bon, notre participation est validée.

— On joue bientôt ?

— Dans quinze minutes. Le tirage au sort a eu lieu. On commence contre… l'équipe de Mathis.

— Le hasard fait bien les choses, lance Colin, prêt à en découdre.

— Sauf qu'on connaît le gros potentiel de son groupe. Il va falloir s'accrocher pour passer au deuxième tour.

— Il y a combien d'équipes au total ? demandé-je.

— Trente-deux. Il faut gagner cinq matchs pour atteindre la finale.

— Ça va être dur physiquement !

— C'est pour ça que les premiers matchs se joueront en deux mi-temps de dix minutes. Il faudra vite rentrer dans la partie. La finale se jouera en deux mi-temps de vingt minutes. La journée s'annonce longue.

Elliott nous briefe sur la stratégie à adopter face à Mathis. Chacun écoute attentivement. Ensuite, je vais voir les joueurs un par un pour leur glisser un mot d'encouragement. Je leur donne aussi des petits conseils pour être performants à leur poste.

— Il faudra être disciplinés si on veut réussir, dit Elliott pour conclure la causerie. Heureusement, on a un public chaud bouillant qui va nous donner des ailes.

Tout le monde se regarde. Aux dernières nouvelles, on n'avait aucun supporter.

— Je vous présente notre public ! ajoute Elliott en désignant la porte des vestiaires.

La porte s'ouvre et, derrière, on découvre Simon. Il est venu nous voir jouer ! Malgré ses béquilles, il porte un pompon dans chaque main.

— Je vais être le meilleur pom-pom boy que les Volcans aient jamais connu ! lance-t-il en adressant un clin d'œil à Djibril. Le meilleur !

Djibril lui donne une tape amicale sur l'épaule.

— Et moi, je serai le meilleur ailier pour mériter d'avoir le meilleur pom-pom boy ! dit l'autre Banni.

— Vous avez un cri de guerre ? demande Edgar.

On se dispose en cercle. On tend le bras au milieu.

— Qu'est-ce qui fait gronder la Terre ? crié-je.

— LES VOLCANS ! répond le groupe.

— Qui va gronder sur le terrain ?

— LES VOLCANS !

— Qui sommes-nous ?

— LES VOLCANS !!!

Tous ensemble, on lève la main au ciel en faisant le V de « victoire ». Et de « volcans ». Et de moment de « vérité »…

CHAPITRE 14

Un grand capitaine

Quand on arrive sur le terrain, on est tous les quinze très concentrés. Je rejoins l'arbitre, Mathis aussi. En tant que capitaines de nos équipes, on va faire le toss[1]. L'arbitre lance la pièce… et c'est moi qui remporte le toss. Je choisis de commencer la partie du côté gauche pour avoir le vent dans le dos. Il y a une légère brise. Mathis l'aura de face. Je choisis aussi de prendre le coup d'envoi.

Wassim, notre demi d'ouverture à la frappe surpuissante, se chargera de tirer dans le ballon. On se disperse sur la largeur du terrain, derrière la ligne du milieu. L'équipe de Mathis se positionne en retrait.

C'est le moment du drop. Wassim tient le ballon devant lui, le relâche pour qu'il rebondisse par terre, puis tape dedans de toutes ses forces. Le cuir monte

1. Le « toss », c'est quand on tire à pile ou face avant un match. Le gagnant choisit de quel côté du terrain son équipe débute. Il décide aussi de jouer le coup d'envoi ou de le laisser à l'équipe adverse.

haut dans les airs, survolant la moitié de terrain adverse. Les Volcans se mettent à courir dans sa direction. Wassim a frappé vers le côté gauche. Le ballon amorce sa descente. Les deux équipes se massent au point de chute. C'est à qui récupérera le cuir.

À ce petit jeu, un joueur surclasse tous les autres. Il est grand, avec de longs bras et une belle détente de gardien de but. C'est Colin. Il hisse ses mains plus haut que tout le monde et capte le cuir. À peine repose-t-il les pieds sur terre qu'il repère une ouverture sur sa gauche. Il fait une passe à son ailier, Djibril, qui part comme une fusée, ballon calé sous le bras. La défense adverse est dépassée. Trop de joueurs se sont fait aspirer vers le point de chute du ballon, laissant la voie libre à notre ailier.

Djibril évite un adversaire d'un vif crochet. Solide sur ses appuis, il reprend son sprint vers la zone d'en-but. Personne sur son chemin. Mais derrière… L'équipe de Mathis le prend en chasse.

— Jusqu'au bout, mon champion ! hurle Simon depuis les gradins. Ne te retourne pas.

Djibril redouble d'efforts. Il distance progressivement ses poursuivants, fond vers la ligne d'en-but comme un aigle sur sa proie. L'essai nous tend les bras. Juste avant d'atteindre la ligne, il jette un coup d'œil dans son dos. Les adversaires sont trois mètres derrière lui. Il a le temps de bifurquer vers les poteaux. En prenant ce virage, il voit son avance fondre comme neige au soleil. Mais il est suffisamment véloce pour échapper à un plaquage et, au bout du sprint, il écrase entre les poteaux. On a marqué un essai ! Sur la première action ! Moins d'une minute après le coup d'envoi !

Les Volcans exultent. La joie éclabousse nos visages. Dans les gradins, Simon agite ses pompons en criant :

— Djiiiiiiiiiiibriiiiiiiiiiil !!!

Selon les règles du tournoi, une équipe qui marque un essai entre les poteaux n'a pas besoin de transformer. Les sept points lui sont automatiquement donnés. C'est une simplification qui signifie qu'on mène… 7 à 0 !

Mathis n'apprécie pas d'être mené. Il s'emporte, pointant du doigt un de ses joueurs qu'il accuse de négligence sur le marquage de Djibril. Puis, il se tourne vers l'arbitre.

— Vous avez sifflé ? demande-t-il.

— J'ai sifflé pour valider l'essai, répond l'arbitre.

— Je croyais que vous aviez sifflé pour un en-avant. Il y a un en-avant sur la passe de Colin.

— Je ne crois pas.

— Je vous assure que si ! Tout le monde l'a vu dans les gradins. Demandez à votre arbitre de touche. Il était juste en face de l'action.

L'arbitre court se renseigner auprès de l'arbitre de touche. On suit le mouvement.

— Il y avait un gros en-avant. Au moins un mètre ! affirme l'homme depuis la touche. J'ai levé le drapeau pour le signaler.

— Vous êtes certain ? demande l'arbitre. J'étais mal placé sur cette action.

— Sûr et certain, dit le second arbitre.

— J'ai fait ma passe en retrait, plaide Colin.

— Essai annulé, lance l'arbitre. En-avant des Volcans. Mêlée introduction Sporting.

On nous refuse un essai parfaitement valide, et on perd la possession du ballon. Le scénario idéal se transforme en scénario catastrophe.

— Attendez, dit Wassim à l'homme en noir. L'arbitre de touche… c'est le cousin de Mathis, le capitaine du Sporting. Je le reconnais…

— Je lui fais entièrement confiance, répond l'arbitre. Si on ne devait pas compter sur les cousins, les frères ou les parents pour arbitrer des matchs, on n'aurait plus d'arbitre.

— Sauf qu'il n'y avait pas en-avant ! persiste Colin. Mathis est un tricheur, et on dirait que son cousin aussi !

— Pas de mauvais esprit ! ordonne l'arbitre. Au lieu de râler, préparez votre mêlée. Je veux une bonne attitude sur ce terrain. Entendu ?

— Entendu, grommellent Colin et Wassim.

— On ne conteste pas les décisions de l'arbitre, leur dis-je, même si je fulmine intérieurement. Allez, à vos postes.

On se place à l'endroit de l'en-avant fictif. Les Otakus et Jade se lient entre eux, puis les deuxième et troisième ligne se greffent. Le Sporting en fait autant. Mathis se chargera d'introduire le ballon.

— Flexion ! annonce l'arbitre. Touchez ! Jeu !

Au troisième commandement, les deux blocs commencent à pousser. Mathis introduit le ballon. Jade tente de le talonner dans notre camp mais, sans surprise, c'est le talonneur adverse qui y parvient. Le Sporting a la possession du cuir. Il ne lâche rien. Les Volcans non plus.

Mathis se poste à l'arrière de son bloc. Il va récupérer le ballon. Dès que ce sera fait, je pourrai sortir de ma zone pour le lui contester. Mais il ne l'attrape pas… Le Sporting parvient à faire reculer notre équipe. Vingt centimètres. Puis un mètre. On perd du terrain. À ce rythme-là, notre bloc va finir dans sa zone d'en-but. Il faut apporter du soutien au bloc.

Wassim s'en charge. Il se colle à l'arrière de la mêlée pour aider ses coéquipiers. Ce surnombre permet de stopper l'avancée du Sporting. Malheureusement, Wassim n'est plus en position. Mathis le détecte immédiatement. Il récupère le ballon et s'engouffre dans l'espace laissé libre par notre demi d'ouverture.

Les Volcans ont vu venir le coup, alors deux joueurs se dirigent vers Mathis pour le prendre en tenaille. Voyant qu'il est piégé, il botte. Un coup de pied à suivre ! Il se fait une passe à lui-même, envoyant le ballon loin devant lui. Comme il n'est plus en possession du cuir, les Volcans ne peuvent plus le plaquer. Il se lance dans un sprint pour récupérer le ballon. On est pris de vitesse !

Notre arrière, Colin, est notre seule chance. Il tente d'attraper le cuir, qui est ovale, traître comme la vie, qui ricoche par terre, aussi insaisissable qu'un feu follet. Il est pris à contre-pied, ce qui permet à Mathis de mettre la main sur le ballon.

Colin se jette vers le capitaine du Sporting, étire son long bras… mais ne parvient qu'à lui effleurer le talon. Mathis file vers la zone d'en-but sans que personne puisse l'arrêter. Il a le temps de virer au centre du terrain pour écraser entre les poteaux. Au moment où il marque l'essai, c'est comme si je prenais un grand coup sur la tête. Il y a deux minutes, on menait 7 à 0. Deux minutes plus tard, on est menés de sept points.

Malgré ce coup de massue, malgré la supériorité de l'adversaire, on parvient tant bien que mal à tenir le score. Au bout des dix minutes, le Sporting inscrit une pénalité. L'arbitre siffle la mi-temps. On est menés de dix points.

— Pause ! annonce l'arbitre.

Elliott descend des gradins. Il vient me trouver. Je lui demande aussitôt :

— Tu as pu jeter un œil par-dessus l'épaule des sélectionneurs de la All Blacks Academy ?

— J'ai entraperçu leurs notes, répond-il. Ils ont l'air intéressés par certains joueurs du Sporting. Mais aucun des Volcans.

Je baisse la tête. Je vais avoir du mal à inverser la vapeur. L'académie s'éloigne…

— Concentre-toi sur le match, reprend Elliott. Si on ne remotive pas les troupes, on va craquer en deuxième mi-temps. Il faut que tu trouves le moyen de nous faire cracher le feu !

Je suis perdu. Je suis découragé, comme toute l'équipe. Mais j'ai les responsabilités d'un capitaine. Je dois me montrer fort et rebooster le groupe. Malheureusement, je ne sais pas où puiser la force nécessaire. Je me tourne vers Jade.

— J'ai besoin de ton aide, lui dis-je. À ce rythme-là, on va se prendre la pâtée en deuxième mi-temps. Je ne sais pas comment remobiliser l'équipe.

— Quand je suis perdue, j'interroge le passé.

— Qu'est-ce que tu veux dire ?

— Tourne-toi vers les ancêtres… Vers mamie…

Iriaka. Elle a l'expérience. La sagesse.

Je fouille dans mon sac. J'attrape mon portable et appelle ma grand-mère.

— En pleine nuit ! Encore ! Tu peux dire adieu à ton cadeau de Noël, PETIT-FILS INDIGNE !!!

— Je suis désolé de te réveiller, mais c'est une urgence.

— Une nouvelle urgence ? Tu as besoin de ma recette de la glace *hokey pokey*[1], cette fois ?

---

1. *Hokey pokey* est un parfum de glace néo-zélandais. Il s'agit d'une crème glacée à la vanille avec des éclats de caramel.

— J'ai besoin de remobiliser mon équipe. On a le moral dans les chaussettes.

— Et tu m'appelles pour ça ?

— Tu as toujours réponse à tout…

— Tu aurais réponse à tout si tu réfléchissais un peu. Que ferait un All Black pour motiver ses joueurs ? Il les mettrait au défi avec…

— Un haka ? Pour les défier ? Pour qu'ils puisent dans leurs ressources ?

— Montre-leur ta force intérieure. Souviens-toi de ton ancêtre, Te Rauparaha.

— Chef de guerre et auteur de « Ka Mate »…

— C'est ton histoire, ton héritage. N'oublie jamais qui tu es. Si tu t'en souviens, tu auras gagné, quel que soit le score final. Allez, va secouer les puces à tes amis, et laisse-moi dormir.

Elle me raccroche au nez sans même me dire au revoir. Dans la famille, le sommeil, c'est sacré.

— Tout le monde s'est hydraté ? demande Elliott.

On hoche la tête. Notre coach a l'attention de tous. Il sort son plateau cartonné, dispose les figurines de volcans et de boudins dessus, et parle mise en place tactique. Il nous demande d'être plus mordants dans la conquête du ballon, plus précis dans les passes, plus rapides dans le soutien.

Il me donne finalement la parole. L'équipe se positionne en demi-cercle face à moi. C'est le moment de la causerie. Je vois des visages fatigués, éteints. Pour les remotiver, je ne vais pas leur parler en français. Je vais leur parler avec le cœur, en māori. C'est le moment d'exécuter le haka. Depuis ce match à Wellington, l'été dernier, Iriaka me l'a fait apprendre comme si c'était un poème de Prévert. Je l'ai tellement vu en vidéo que je le connais sur le bout des doigts. Il fait partie de moi.

Je piétine, j'expire. Je plie légèrement mes jambes pour m'ancrer dans le sol. Je me connecte à mes racines, de l'autre côté de la planète. Un sentiment de puissance s'empare de moi.

— *Taringa Whakarongo ! Kia Rite ! Kia Rite ! Kia Mau !* crié-je avec fierté et honneur.

Seule Jade répond en hurlant : « *Hi !* » Elle connaît le haka. Elle aussi est une descendante de Te Rauparaha, après tout. Je fixe mes coéquipiers dans les yeux. Un par un.

— *Ringa Ringa Pakia, Waewae takia Kia kino nei hoki !*

J'exprime ma passion, ma vigueur, mon identité. Je me tape sur les cuisses et la poitrine. Je défie mes coéquipiers. Je les exhorte à tout donner dans la bataille qui nous attend. Je mets toute mon énergie dans le haka. Avec intensité ! Précision !

Les joueurs m'observent solennellement. Ils ne parlent pas māori, mais ils comprennent mon message. Ils sont galvanisés par mon ihi. Nous allons nous investir corps et âme dans la deuxième mi-temps. Nous sommes David contre Goliath. Nous sommes le Petit Poucet face à l'ogre. Mais nous pouvons gagner.

Comme la Nouvelle-Zélande, ce petit pays qui sait vaincre des nations beaucoup plus peuplées.

— *A hupane ! A kaupane ! Whiti te ra !* conclus-je.

Je viens de crier : « Faites face ! Faites face en rangs ! Soyez solides et rapides devant le soleil qui brille ! » J'ai tout donné pour remobiliser l'équipe. Je vois quatorze visages déterminés. Je vois quatorze joueurs impliqués physiquement et mentalement. Je vois une envie, une énergie nouvelles.

Les Volcans sont prêts à entrer en éruption.

Chapitre 15

Dernière mi-temps et dernière chance...

Toutes les têtes sont tournées vers nous. Je réalise que ma voix s'est élevée dans un silence de cathédrale. L'équipe du Sporting s'est figée pour regarder le haka. Les sélectionneurs de la All Blacks Academy se sont levés dans les gradins. Ils nous observent avec un regard fier et humble. Mes parents ont débarqué. Ils ont dû recevoir mon texto les avertissant qu'on allait finalement participer au tournoi. Mon père m'adresse un regard intense. Lui aussi est un descendant de Te Rauparaha. Il sait que je viens de puiser au plus profond de moi, de mon histoire, pour exécuter le haka. L'arbitre rompt cette parenthèse hors de la réalité en sifflant la fin de la mi-temps.

On se tape dans les mains et on pénètre sur le terrain avec un esprit de vainqueurs. C'est une bonne chose, car il nous reste dix minutes pour arracher la victoire.

Les Otakus échangent quelques mots en japonais – ça ressemble à des encouragements. Colin étire ses longs membres pour se prémunir d'une crampe. Djibril écoute un conseil que Simon lui délivre à l'oreille, au bord de la touche. Edgar ne répond pas aux piques que ses anciens coéquipiers lui lancent. Dans le regard de Wassim, il n'y a plus que de la détermination. Quant à Jade, elle me donne une chiquenaude sur l'oreille en passant derrière moi.

— C'est le moment de faire des merveilles si tu veux t'envoler pour la All Blacks Academy, me lance-t-elle.

— Tu veux te débarrasser de moi, c'est ça ?

— C'est l'idée. Même si je dois avouer que tu me manqueras, si tu pars là-bas. Juste un petit peu. Peut-être un peu plus qu'un petit peu.

L'arbitre siffle le coup d'envoi. Mathis tape dans le ballon. C'est reparti !

On récupère le cuir, et l'affrontement commence. On conteste chaque possession adverse ; on s'engage à fond dans la conquête du ballon. Le Sporting s'attendait à une mi-temps facile, mais il découvre un adversaire solide, bien organisé et fort mentalement. Malgré toute notre bonne volonté, on ne rattrape pas notre retard. Pire, le Sporting inscrit un nouvel essai. Et le transforme. Dix-sept points de retard ! L'équipe de Mathis est clairement un cran au-dessus.

Pendant un arrêt de jeu, j'aperçois les sélectionneurs de l'académie qui gribouillent des notes dans leurs carnets. Je crains qu'ils ne dressent pas la liste de mes qualités. J'imagine qu'ils n'ont même pas inscrit mon nom… Ça ne m'empêche pas de tout donner sur le terrain. Je le fais pour moi, pour l'équipe, pour mes ancêtres et pour l'amour du rugby. Je le fais, car il n'y a rien de plus beau que de vivre une passion et de la partager avec ses amis.

Je trouve quelques ouvertures, sans qu'on arrive jamais à perforer la défense adverse. En phase d'attaque, le Sporting insiste au centre, à gauche, à droite, mais on tient bon. Sur un ruck[1], on arrive à récupérer le cuir.

J'observe les forces en présence. Les Volcans sont bien placés dans la largeur du terrain. Les joueurs du Sporting aussi. Je vais devoir les pousser à la faute. Provoquer une erreur de placement pour créer l'ouverture.

Je fais une longue passe vers le côté gauche. Correction : je fais semblant de faire une longue passe. Les joueurs du Sporting se font embarquer sur la gauche. J'en profite pour partir sur la droite, ballon sous le bras. J'ai créé un léger décalage dans leur défense. Une faille. Elle se referme, alors je lance le ballon à droite. Correction : je fais semblant de faire une passe sur la droite. Les défenseurs se font encore avoir. Je rouvre la faille. Une infime ouverture

1. Un ruck est une mêlée spontanée qui intervient dans le cours du jeu. Les joueurs sont debout, au-dessus du ballon qui est par terre. Ils se poussent et luttent au pied pour la possession du cuir.

dans laquelle je me faufile à temps, échappant de justesse à un pilier. Je suis passé derrière la ligne ! J'ai dix bons mètres devant moi avant de tomber sur un joueur adverse. Je les avale en sprintant comme un mort de faim.

Au moment où j'arrive en face du joueur, je sais déjà ce que je vais faire. J'ai entraperçu Edgar à droite de mon champ de vision. Entraperçu… ou senti. Au rugby, parfois, on sent les choses plus qu'on ne les voit. C'est presque instinctif. Je fais une longue passe vissée à notre nouvel ailier. Il récupère le ballon, puis part vers la zone d'en-but comme une fusée. Il longe la ligne de touche. Les joueurs adverses sont débordés. Mes deux feintes de passe et ma course les ont désorganisés. Edgar a la voie libre pour aller marquer l'essai. Il ne lui reste plus qu'à échapper à l'arrière du Sporting.

— Plaque-le ! crie Mathis à son arrière.

Edgar pourrait l'esquiver d'une feinte de corps, mais il préfère aller au contact. Sûrement pour affronter son ancienne équipe.

Les deux joueurs se percutent. Selon les règles de la compétition, les plaquages sont interdits au-dessus de la taille, ce qui est une excellente mesure de sécurité. L'arrière agrippe Edgar au niveau des hanches et le fait tomber. Il tente de récupérer le ballon, mais les Volcans arrivent en soutien. On forme un bloc autour d'Egar, tandis que le Sporting forme un bloc en opposition.

— Aïïïïïïïe !

Le hurlement d'Edgar me glace le sang.

L'arbitre siffle pour arrêter l'action. Les joueurs s'écartent. On découvre le cuir… entre les mains de l'arrière du Sporting. On a perdu la possession du ballon. Plus grave, Edgar se tord de douleur en se tenant la cheville.

— Ils m'ont piétiné ! explique-t-il à l'arbitre. Ils l'ont fait exprès. Je connais leurs tactiques d'antijeu par cœur.

— C'est faux ! plaide Mathis.

— Je n'ai rien vu, contre l'arbitre. Tu étais caché sous une pile de joueurs. Tu vas pouvoir te relever ?

— Ils m'ont bousillé la cheville ! Comment voulez-vous que je rejoue ? réplique Edgar, amer.

Je baisse sa chaussette pour inspecter l'état de sa cheville. Rien de cassé, mais elle enfle à vue d'œil. Il y a des marques de crampons dessinées sur sa peau. Pas de doute, on l'a piétiné.

— Va te faire soigner en touche, dit l'arbitre. C'est plus sûr.

Je relève Edgar. Il passe un bras autour de moi et l'autre autour de Jade. On l'aide à gagner la touche.

— Faites entrer votre remplaçant ! dit l'arbitre. Il reste deux minutes avant la fin du match.

Je me fige. On n'a pas de remplaçant… On va devoir jouer à quatorze pendant cent vingt secondes. Une éternité. Les Volcans étaient dépassés à quinze, alors je ne donne pas cher de notre peau avec un joueur en moins. J'essaye de me remotiver, mais impossible. On a perdu Simon et, maintenant, Edgar. Le Sporting a mis en place une stratégie simple et déloyale : nous sortir un par un.

Je suis démoralisé. Je peux faire une croix sur la victoire. Sur l'académie…

— PETITE POOOOOOOOOOOOOOCHE ! hurle Elliott depuis les gradins. J'ai un protège-dents dans ma PETITE POOOOOOOOOCHE. Je le récupère et je vous rejoins.

Les joueurs du Sporting éclatent de rire en imaginant cette crevette à lunettes sur un terrain de rugby. Moi, je suis traversé d'une émotion puissante. Je suis submergé par la générosité d'Elliott, par sa camaraderie sans faille. Les autres Volcans ressentent la même chose que moi. Ils sont tournés vers leur coach. Ils observent ce petit bout de geek fouiller dans sa petite poche, sortir un protège-dents et le caler dans sa bouche. Elliott est prêt à se sacrifier pour le bien de l'équipe. Même s'il n'est pas rugbyman. Même s'il n'est pas sportif.

Il ôte ses lunettes et nous rejoint sur le terrain.

— Tu penses à la même chose que moi ? lui demandé-je. Colin dans l'axe et toi à l'arrière ?

— Exactement, parvient-il à articuler malgré le protège-dents. La stratégie du Sporting ne fait pas de mystère !

Je vais trouver Colin.

— Le Sporting va jouer sur Elliott, car ils savent qu'il est le maillon faible. Prépare-toi à une longue frappe vers lui.

— Entendu, me répond-il. Je sais ce qu'il me reste à faire.

Je répète le message à mes joueurs. Colin passe dans l'axe pour être face au demi d'ouverture adverse.

— Mêlée introduction Sporting, annonce l'arbitre.

On se met en place et la mêlée commence. Mathis récupère le ballon, puis le passe en retrait. Son demi d'ouverture va botter pour envoyer le cuir au large, vers notre zone d'en-but, sur Elliott qui ne sait pas capter un ballon. Tellement prévisible !

Voilà pourquoi j'ai posté Colin dans l'axe, face au demi d'ouverture. Il se rue vers lui, puis saute à la verticale en allongeant ses longs bras de phasme pour stopper le ballon. Seul notre plus grand joueur avait une chance de bloquer le cuir, et c'est précisément ce qu'il fait.

Le ballon percute les mains de Colin, puis tombe juste derrière lui. Je suis à la réception. J'attrape le ballon au vol et pars vers la zone d'en-but du Sporting. Je slalome entre deux joueurs comme si je zigzaguais entre les ruines à l'entraînement. Appui sur le pied extérieur, projection vers l'intérieur. Une fois, deux fois. J'enchaîne sur un sprint. Personne n'est en mesure de m'arrêter.

Boosté par les sucres rapides, je fais un dernier effort, saute dans les airs et retombe derrière la ligne d'arrivée… la ligne d'en-but. Essai !

L'arbitre siffle pour valider l'essai. Les Volcans exultent et crient mon nom ! Ils viennent me féliciter. Elliott nous rejoint en courant. Il se jette dans les bras de Jade.

— Bravo, Lucas ! lance-t-il. T'es le meilleur !

— Tu veux bien me lâcher, dit-elle. Ce n'est pas Lucas que tu enlaces, c'est Jade.

— Je me disais bien que cette carrure n'était pas celle de Lucas. Désolé, j'ai enlevé mes lunettes. Je suis myope comme une taupe.

— D'accord, mais tu ne me lâches toujours pas.

— Pardon. Je m'éternise parce que je trouve cette étreinte très confortable. En plus, c'est franchement désagréable de prendre Lucas dans les bras. Il est trop osseux, trop anguleux.

Je vais voir Wassim.

— Cette transformation, elle est pour toi. Fais comme à l'entraînement. De la puissance, mais surtout de la précision.

— Tu crois que je vais y arriver ? Tu ne veux pas tirer à ma place ?

— J'ai entièrement confiance en toi.

Je positionne le ballon sur un tee[1]. Wassim prend une grande inspiration. Il recule de trois pas, puis se décale d'un pas sur la gauche. Il est parfaitement positionné. Il exécute sa course d'élan et tape dans

1. Un tee est un support en plastique sur lequel on pose le ballon pour tenter un coup de pied.

le ballon. Le cuir s'élève et passe entre les poteaux. Transformation !

7 à 17 ! On a sauvé l'honneur ! Simon s'égosille en agitant ses pompons depuis la touche. Je félicite Wassim, qui n'en croit pas ses yeux. Sa frappe n'était ni trop forte ni trop faible… mais surtout pas trop forte.

Je demande aux troupes de garder leur concentration. Il reste une minute de jeu. Il faut tenir encore soixante secondes. On se repositionne.

L'arbitre donne le coup d'envoi. Le Sporting frappe dans notre moitié de terrain.

Je récupère le ballon et le lance sur ma gauche. On fait circuler le cuir jusqu'à Djibril, puis notre ailier le renvoie vers la droite. On garde la possession du ballon pour gagner des secondes. Il passe de main en main et, pendant ce temps-là, le chrono tourne.

Jade récupère le cuir et part au contact. Elle bouscule deux joueurs avant d'être stoppée. Notre talonneuse met du cœur à l'ouvrage. Depuis le début du match, elle est meilleure que le talonneur adverse. Elle vient de fixer la défense du Sporting. On arrive en appui.

On forme un maul. Notre bloc pousse celui du Sporting. Il doit rester trente secondes de jeu… mais on commence à reculer. Lentement, puis rapidement. Impossible de ralentir. Nos adversaires sont trop costauds.

Le face-à-face est terrible. Petit à petit, tous les joueurs se greffent au maul pour repousser le bloc adverse. Treize joueurs contre treize ! Seuls les demis de mêlée et les arrières sont en retrait.

Mathis rejoint le maul. Son bloc gagne en vitesse. On recule encore et toujours. Je riposte en me greffant à mon bloc, ralentissant nos adversaires. L'arrière du Sporting rejoint alors le maul, offrant sa puissance.

— On pousse, on pousse, on pousse ! crié-je.

Mais impossible de stopper le Sporting. On est quatorze contre quinze. Il reste une poignée de secondes à jouer. On n'est plus qu'à dix mètres de notre zone d'en-but !

— VOUS NE PASSEREZ PAS ! hurle Elliott en se précipitant vers nous, empruntant une réplique à Gandalf.

Notre arrière de fortune était resté en retrait, intimidé face au duel athlétique. Quand on est un stratège de génie, on est plus à l'aise dans la bataille intellectuelle que physique. Mais le voilà qui affronte sa peur pour aider ses quatorze coéquipiers ! Il entre dans la danse en poussant un cri de guerre. Il se plaque à l'arrière du bloc, nous offrant un surplus de puissance.

Surtout, il nous offre un soutien moral qui nous booste. Alors on se dépasse… jusqu'à freiner totalement le bloc adverse. On est à l'arrêt. Les forces s'équilibrent. Après quelques secondes de surplace, il est évident que les deux équipes se neutralisent. L'arbitre siffle la fin de la rencontre !

On sort du maul en jubilant. On a tenu, tous ensemble. C'est une défaite au goût de victoire. Je le lis jusque sur le visage de Mathis. Il est dépité comme s'il venait de perdre le match.

Les Volcans laissent exploser leur joie. Simon nous rejoint avec ses béquilles. Edgar le suit en claudiquant. Les Otakus se percutent torse contre torse. Elliott retombe dans les bras de Jade. Colin, Djibril et Wassim se jettent par terre pour glisser sur la pelouse. Je m'agenouille en levant les bras au ciel.

Le tournoi se poursuit sans les Volcans. On y assiste depuis les gradins. Le spectacle est magnifique : matchs à suspense, joueurs talentueux, rugby de haute volée. Les Benjamins qui partiront à l'académie feront honneur à la formation française. Mathis brille sur le terrain. Il emmène son équipe jusqu'en finale. Après une confrontation serrée, le Sporting remporte le tournoi.

Les sélectionneurs s'absentent quelques minutes pour délibérer. Pendant ce temps, les équipes s'installent dans les gradins. Mathis m'adresse un clin d'œil moqueur. Il sera forcément sélectionné, lui.

Quand les sélectionneurs reparaissent, le silence se fait. La tension est palpable. Un des représentants prend un micro pour s'adresser à nous :

— Tout d'abord, bravo à tous. On a vu du beau rugby. On ne regrette pas d'avoir organisé les sélections dans votre région.

Mathis est deux rangs derrière moi. Il ne peut pas s'empêcher de me narguer :

— Sauf que certains vont rester dans la région pendant que d'autres vont partir en Nouvelle-Zélande… Triste !

— Nous avons dû faire une sélection drastique pour retenir dix joueurs, poursuit le représentant de l'académie. Si vous n'êtes pas dans la liste, sachez qu'il ne faut rien lâcher et continuer à travailler. Les sélectionnés sont…

Dans les gradins, tout le monde retient sa respiration.

— Mathis du Sporting…

— YES ! dit-il en serrant le poing.

Le sélectionneur égrène les noms d'une voix égale, puis se tait.

— Neuf, remarque Elliott.

— Pardon ? demandé-je.

— Je suis bon en maths. Je sais compter. Il a donné neuf noms.

— Nous avons été très impressionnés par un dernier joueur, reprend le sélectionneur. Il a fait preuve d'un formidable sens du jeu et d'un état d'esprit irréprochable. Surtout, il a démontré de grandes qualités de meneur au sein de son équipe. Seul un grand capitaine est capable de souder un groupe comme il l'a fait. C'est pour cette raison que nous avons décidé de le sélectionner, même si son équipe a subi une élimination précoce. Lucas des Volcans, tu rejoins la All Blacks Academy.

Je suis abasourdi. Heureux comme jamais. J'ai du mal à réaliser ce qui m'arrive. Le rêve est devenu réalité ! Mes amis me sortent de la paralysie en m'entraînant en bas des gradins. Ils me déposent devant les recruteurs.

— Bravo, Lucas, me dit l'un d'eux. D'après le peu qu'on a vu, tu as beaucoup à offrir à la All Blacks Academy. Tu mérites ta place parmi nous.

— Merci infiniment, réponds-je. Je suis très honoré, ainsi que mon équipe. Je ne serais rien sans eux.

— Et sans elle, dit-il en se tournant vers Jade. Tu as beaucoup de talent, jeune talonneuse. C'est regrettable, mais on ne peut sélectionner que des garçons dans notre académie. Je parlerai quand même de toi à la direction des Black Ferns. Si la fédération féminine recherche une recrue française, on ne manquera pas de leur donner ton nom.

Jade rougit. Ma cousine peut donc rougir ! Je prends une photo de ce phénomène rare pour l'envoyer à Iriaka. Je retrouve mes parents, qui me prennent dans leurs bras. Surexcités, ils annoncent :

— Tournée d'Ovalie pour toute l'équipe ! Ça tombe bien, on est venus en camion à pizzas ! Le four sera chaud dans dix minutes !

Ils se précipitent vers le camion. L'équipe se tourne vers son coach nutritionnel.

— De quel apport calorique parle-t-on ? me demande Elliott.

— Pizza à base de cassoulet et de divers produits du Sud-Ouest… réponds-je.

— Pour une troisième mi-temps, c'est autorisé !

On saute de joie. On continue à fêter le résultat. Mes coéquipiers sourient jusqu'aux oreilles. Ma sélection, c'est aussi la leur.

Je suis porté en triomphe par toute l'équipe. On me fait sauter telle une crêpe. Je suis sur un nuage. C'est prémonitoire, car je vais bientôt m'envoler pour Aotearoa, le pays du long nuage blanc.

J'ai tout gagné : la meilleure bande de potes et mon billet pour l'académie.

Salut, c'est Lucas !

Tu as aimé mon histoire ?

Ce n'est pas le coup de sifflet final !

Retrouve-moi pour un nouveau match dans

ALL BLACKS ACADEMY

2

Voyage en terre de rugby !

Pour l'éditeur, le principe est d'utiliser des papiers composés de fibres naturelles, renouvelables, recyclables et fabriquées à partir de bois issus de forêts qui adoptent un système d'aménagement durable. En outre, l'éditeur attend de ses fournisseurs de papier qu'ils s'inscrivent dans une démarche de certification environnementale reconnue.

PAPIER À BASE DE FIBRES CERTIFIÉES

hachette s'engage pour l'environnement en réduisant l'empreinte carbone de ses livres. Celle de cet exemplaire est de : 400 g éq. CO_2 Rendez-vous sur www.hachette-durable.fr

Composition et mise en pages : Nord Compo

Achevé d'imprimer en France par CPI Brodard & Taupin
Dépôt légal 1re publication : septembre 2019
54.2517.9 – ISBN : 978-2-01-621269-1
Édition : 01 – Dépôt légal : juillet 2019
N° d'impression : 3034470